LEARN SWEDISH WITH BEGINNER STORIES

ISBN: 978-1-987949-85-8

This book is published by Bermuda Word. It has been created with specialized software that produces a three line interlinear format.

Please contact us if you would like a pdf version of this book with different font, font size, or font colors and/or less words per page!

LEARN-TO-READ-FOREIGN-LANGUAGES.COM

Dear Reader and Language Learner!

You're reading the Kindle learner edition of our Bermuda Word pop-up e-books which we sell at learn-to-read-foreign-languages.com. Before you start reading Swedish, please read this explanation of our method.

Since we want you to read Swedish and to learn Swedish, our method consists primarily of word-for-word literal translations, but we add idiomatic English if this helps understanding the sentence.

For example:
För   ut kvinnor   och   barn!
Before out women   and children!
[Women and children first!]

The HypLern method entails that you re-read the text until you know the high frequency words just by reading, and then mark and learn the low frequency words in your reader or practice them with our brilliant App.

Don't forget to take a look at the e-book App with integrated learning software that we offer at learn-to-read-foreign-languages.com! For more info check the last two pages of this e-book!

Thanks for your patience and enjoy the story and learning Swedish!

Kees van den End

LEARN-TO-READ-FOREIGN-LANGUAGES.COM

3   Titel & Innehål

INNEHÅLL
Contents

5 Den modiga klockaren

Den modiga klockaren
The brave the bellman
(bellman)

Det var en gång en jätte som hade så ont av
That was one time a giant that had so much bother of
(There) (who)

kyrkklockorna i Hålta kyrka.
the church bells in Halta church

"Ta bort bjällerkon!", skrek han.
Take away the bell ringing screamed he
[Stop]

En dag bestämde sig jätten för att gå till Hålta kyrka
One day decided himself the giant for to go to Halta church

och säga till klockaren att han fick sluta ringa.
and say to the bellman that he might stop ringing

Strax utanför kyrkan träffade så jätten klockaren.
Right outside the church met also the giant the bellman

"Sluta ringa", sa jätten.
Stop ringing said the giant

6   Den modiga klockaren

"Jag hör dig inte, din mun sitter så högt upp",
I hear you not your mouth sits so high up

svarade klockaren.
replied the bell man

Då satte sig jätten ner på berget, lutade sig ner mot
Then sat himself the giant down on the mountain leant himself down towards

klockaren och skrek:
the bell man and screamed

"Sluta ringa!!"
Stop ringing

Det konstiga var att klockaren inte blev ett dugg rädd
The strange was that the bell man not became a bit frightened
(thing)

utan han svarade bara lugnt:
on the contrary he replied only calm

"Nä, jag tänker inte sluta ringa, du kan sluta skrika
No I intend not (to) stop ringing you can stop screaming

istället!"
instead

7 Den modiga klockaren

Då blev jätten så förvånad över klockarens mod att
then became the giant so astonished over the bell man's courage that

han reste på sig och gick raka vägen till Dovre fjäll
he traveled on himself and went straight on the road to Dovre mountains
    (to) (his place)

i Norge, för där hörs nämligen inga kyrkklockor.
in Norway while there hears namely no church bells
    (one)

Och du... än i dag kan man i närheten av kyrkan
And you than today can one in the vicinity of the church
    (these days)

se ett stort märke i berget efter jätten.
see a big mark in the mountain after the giant
    (formed by)

Det är som en stor gryta efter en jätterumpa.
It is like a big pot after a giant's backside
    (formed like)

Jättens namn
The giant's   name

Det var en gång en snickare som var så fattig att
That was one time a carpenter that was so poor that
(There) (who)

han inte hade varken spik eller några brädor. Det
he not had neither nails or some boards The

ända han ägde var en yxa.
only thing he owned was an axe

"Jag måste ha brädor", sa han och gick ut i skogen
I must have boards said he and went out in the forest

för att hugga ner några träd.
for that chop down some trees
(to)

Han hann inte mer än sätta yxan i det första trädet
He had time to not more than set the axe in the first tree

förrän en dundrande röst hördes:
before a roaring voice was heard
(when)

"Vad gör du med min skog?"
What do you with my forest

10 Jättens namn

Intill snickaren stod en jätte, så stor att det knappt
Next to the carpenter stood a giant so big that that hard

gick att se var han tog slut. Jätten måttade med sin
was that see where he took end the giant aimed with his
(to) (ended) (threatened)

stora näve och sa:
big fist and said

"Jag skall döda den som hugger träd i min skog."
I will kill the one that chops trees in my forest

Snickaren förstod nu att han låg illa till och att det
The carpenter understood now that he laid badly to and that it
[was in a bad situation]

behövdes en god idé för att klara sig, så han sa:
was needed a good idea for that clear himself so he said
(to) (save)

"Varför döda mig, då har du ju ingen glädje av mig.
Why kill me then have you of course no blessing of me
(advantage)

Jag är ju snickare, låt mig bygga något åt dig istället."
I am for sure carpenter let me build something to you instead
(for)

11 Jättens namn

"Jasså, jaha, kanske det," sa jätten, medan han
Yes so / jaha (I see) / perhaps / that / said / the giant / while / he

funderade. Efter en lång stund sken han upp och sa:
pondered / After / a / long / while / looked / he / up / and / said

"Ja! Nu vet jag, bygg mig en båt, du skall få
Yes / now / know / I / build / me / a / ship / you / will / get

massor av guld i betalning om du lyckas, men..." och
masses / of / gold / in / payment / if / you / succeed / but / and

nu såg jätten lurig ut, "du måste ha berget som
now / looked / the giant / sly / out () / you / must / have / the mountain / as

huggekubb och hugger du i berget en ända gång så
chopping place / and / chop / you / in the mountain (into) / a / final / time / so

slår jag ihjäl dig."
hit / I / to death / you

Snickaren godtog utmaningen och började genast bygga
The carpenter / accepted / the challenge / and / began / directly / to build

båten. Bräda efter bräda föll på plats och inte en
the ship / Board / after / board / fell / on / place (in place) / and / not / an

ända gång högg snickaren i berget.
other / time / chopped / the carpenter / in the mountain (into)

Då när båten nästan var klar så dök det plötsligt
Then when the ship almost was ready so dived that suddenly
(turned) (there)

upp en teskedsstor kärring framför handen på snickaren.
up a teaspoon big old lady before the hand (on) of the carpenter
(teaspoon sized) (witch)

Hon pep som en gris, luktade som en ladgård och
She squealed like a pig smelled like a dungheap and

var ful som stryk.
was ugly like beating
(hell)

Snickaren blev så förvirrad att han missade med yxan
The carpenter became so confused that he missed with the axe

och slog rakt in i berget.
and hit straight in the mountain

Plötsligt stod jätten där och skrek:
Suddenly stood the giant there and screamed

"Aha, nu har jag dig. Du skall dö!"
Ah now have I you You will die

"Vänta!" skrek snickaren. "Ge mig en chans till, jag
Wait screamed the carpenter Give me a chance more I

kan göra vad som helst!"
can do what as all
(everything)

13 Jättens namn

"Jaså du," fräste jätten.
Yes so you sputtered the giant
(I see)

"Kan du göra vad som helst! ? Då vill jag att du
Can you do what as all Then want I that you
(everything)

gissar mitt namn. Du får tre gissningar per dag i tre
guess my name You get three guesses per day in three

dagar, om du gissar rätt får du behålla livet, annars..."
days if you guess correct may you retain the life otherwise

Första dagen gissade snickaren på Göran, Patrik och
(The) first the day guessed the carpenter on Göran Patrik and
(day) ()

Karl.
Karl

"Fel, fel, fel," ropade jätten.
Wrong wrong wrong yelled the giant

Andra dagen gissade snickaren på tre ovanliga namn:
Other (the) day guessed the carpenter on three exceptional names
(The next) ()

14 Jättens namn

Gregoris, Slatan och Pelé.
Gregoris   Slatan and Pelé

"Fel, fel, fel," ropade jätten åter.
Wrong wrong wrong yelled the giant once more

På andra dagens kväll smög snickaren in i jättens hus
On other the day's evening crept the carpenter in in the giant's house
(into)

och gömde sig bakom en stol.
and hid himself behind a chair

Han hörde nu jätten sjunga:
He heard now the giant sing

"Jag skall döda snickaren för han kommer aldrig
I will kill the carpenter for he comes never

komma på att jag heter Muntergökelerur."
come on that I is called Muntergökelerur
(find out)

Ljudlöst smög sedan snickaren därifrån.
silently crept then the carpenter from there

15   Jättens namn

Tredje   dagen   frågade   jätten   åter   om   snickaren   kunde
Third   the day   asked   the giant   once more   if   the carpenter   could
(The third)   (day)

gissa   hans   namn.
guess   his   names

"Heter   du   Bom Bom?"   sa   snickaren.
Are called   you   Bom Bom   said   the carpenter

"Nä,   det   heter   jag   inte.."
Nope   that   am called   I   not

"Heter   du   Tjofaderittan,   då?"
Are called   you   Tjofaderittan   then

"Nä,   det   heter   jag   inte.."
No   that   am called   I   not

"Heter   du   Muntergökelerur,   då?"
Are called   you   Muntergökelerur   then

"Jaaa!!"   Skrek   jätten   och   blev   så   arg   att   han   gick
Jaaa   Screamed   the giant   and   became   so   enraged   that   he   went

upp   i   rök.
up   in   smoke

16 Jättens namn

Snickaren tog nu allt jättens guld och levde lycklig i
The carpenter took now all the giant's gold and lived happy in

alla sina dagar.
all his days

Och båten, den åkte han till världens ände med.
And the ship that went he to the world's end with

17 Jättens namn

Stugan av ostar
The cottage of cheese

Långt	borta	på	ett	berg	uti	skogen	bodde	en	elak
Far	out	on	a	mountain	in	the forest	lived	a	mean

trollpacka,	som	tyckte	mycket	om	att	äta	barnkött.
witch	who	fancied	a lot	of	to	eat	child meat

Hon	brukade	därför	täcka	sin	stuga	med	ostar,	för	att
She	used to	therefore	cover	her	cottage (little house)	with	cheese	for	to

locka	små	gossar	och	flickor,	vilka	vandrade	omkring	i
tempt	small	boys	and	girls	which	wandered	about	in

nejden.	När	hon	fick	fast	några	barn,	stekte	hon	dem
the neighbourhood	When	she	got	hold (of)	some	children	fried	she	them

i	ugnen	och	åt	sedan	upp	dem.
in	the oven	and	ate	then	up	them

Nära	därtill	bodde	en	fattig	torpare,	som	hade	en	son
Near	to that	lived	a	poor	crofter (farmer working a small rented piece of land)	who	had	a	son

och	en	dotter.
and	a	daughter

Eftersom det nu var knappt om mat i huset, sade
As that now was scarce about food in the house said
(in)

torparen en dag till sina barn, att de skulle gå ut i
the crofter one day to his children that they should go out in

skogen och plocka bär. Syskonen gick och kom
the forest and pick berries The brother and sister went and came

slutligen fram till det höga berget. Där fick de se en
finally forth to that high the There started they to see a
() () mountain

stuga, vars tak bestod av bara ostar. Barnen höll råd
cottage whose roof consisted of only cheese The children held council

med varandra och bestämde att de gärna ville äta
with each other and decided that they eagerly wanted (to) eat

någon av de sköna ostarna.
some of the goodlooking the
(tasty looking) () cheeses

Pojken skulle så söka sin lycka och kröp sakta upp
The boy would thus try his luck and crawled slowly up

på taket. Men när trollkärringen hörde buller, ropade
on the roof But when the witch heard noises called

hon: "Vem är det, som knaprar på mitt tak?"
she Who is it that nibbles on my roof

21 Stugan av ostar

Pojken svarade med späd röst: "Det är bara Guds
The boy replied with thin voice It is only god's

små änglar, Guds små änglar."
small angels God's small angels

"Knapra då i frid!" svarade trollpackan.
Nibble then in peace said the witch

Pojken grep så en hop ostar och kom därefter
The boy grabbed then a heap cheese and comes then
(lot of)

oskadd igen till sin syster. Andra dagen gick
unhurt again to his sister. Other the day went

torparebarnen åter till berget, men nu ville flickan
the crofter's children once more to the mountain but now wanted the girl

nödvändigt följa sin broder till trollpackans stuga. Pojken
perforce follow her brother to the witches cottage The boy

var emot detta, men det hjälpte inte. När de nu kom
was against that but it helped not When they now came
(it)

upp på stugtaket och började plocka av de sköna
up on the cottage roof and began to pick of the nice

ostarna, ropade trollkärringen:
cheese called the witch
(s)

"Vem är det, som knaprar på mitt tak?"
Who is it that nibbles on my roof

Pojken svarade med späd stämma: "Det är bara Guds
The boy replied with thin voice It is only god's

små änglar, Guds små änglar."
small angels God's small angels

"Och jag, jag, tillade flickan."
and I I added the girl

Då fick trollpackan makt över de bägge barnen, så att
Then put the witch a spell over the both children so that

taket brast sönder och de föll med huvudena före ned
the roof burst asunder and they fell with head in front down
(broke) (apart) (head)

i stugan.
in the cottage

"Ja, det är visst och sant, att ni är vackra Guds
Yes it is certain and genuine that you are beautiful God's

små änglar" , sade kärringen, när barnen trillade ned
small angels said the hag when the children tumbled down

genom taket.
through the roof

23   Stugan av ostar

Hon lade till: "Det var bra, nu får jag mig en god
She placed to That was good now make I me a good
(added) (it)

stek."
fry

Någon stund därefter frågade hon:
Some while thereafter inquired she

"Hur slaktar er mor sina svin?"
How butchers your mother her swine

"Jo, hon sticker dem med en kniv" , sade flickan.
Yes she sticks them with a knife said the girl

"Nej, rättade brodern, hon lindar ett rep om deras
No corrected the brother she winds a ribbon around their

hals."
neck

"Så vill jag också göra", sa trollkärringen.
So will I also do said the witch

Hon fann ett rep som hon lindade om pojkens hals,
She found a ribbon that she wound about the boy's neck

varvid denne föll till marken, såsom om han hade
whereupon he fell to the ground as if if he had

varit död.
been dead

"Är du nu död?" frågade trollpackan.
Are you now dead asked the witch

"Ja", svarade pojken.
Yes replied the boy

"Nej" , återtog kärringen, "du är väl inte riktigt död, för
No answered the hag you are well not correct dead because

då skulle du icke tala."
then would you not speak

Pojken svarade:
The boy said

25 Stugan av ostar

"Jag talar eftersom min mor alltid hade som sed att
I speak after that my mother always had as custom to
(therefore that)

inte slakta sina svin, förrän de blivit gödda."
not butcher her swine before they became fat

"Så vill jag också göra", sade trollpackan.
So will I also do said the witch

Kärringen tog nu de båda barnen och stängde in dem
The hag took now the both the children and locked in them
(up)

i en bur. Någon stund därefter frågade hon:
in a cage Some while thereafter inquired she

"Hur göder er mor sina svin?"
How fattens your mother her swine

"Med avskrap och dåligt brännvin" , sade flickan.
With scrapings and cheap brandywine said the girl

"Nej", rättade pojken, "hon göder dem med nötkärnor
No corrected the boy she fattens them with nut cores
(nuts)

och söt mjölk."
and sweet milk

"Så vill jag också göra", sa trollpackan.
So will I also do said the witch

En dag gick kärringen till buren för att se, om
One day went the hag to the cage for to see whether

barnen var vid gott hull.
the children were with good flesh

"Stick ut fingret", ropade hon, "att jag må känna, om
Stick out the finger called she that I may feel whether

ni är nog gödda."
you are enough fat

Flickan gjorde, såsom kärringen hade sagt, men pojken
The girl did as the hag had said but the boy

sköt henne hastigt undan och räckte i stället fram en
shoved her rapidly away and reached in the place forward a
(stuck) (it's place)

träpinne.
stick of wood

Trollpackan kände därpå och sade:
The witch felt subsequently and said

"Ni är för magra. Jag vill göda er ännu någon tid."
You are too meager I will fatten you another some time
(thin) (more)

Hon gav dem därefter dubbelt så mycket nötkärnor och
She gave them thereafter double so much nut cores and
(then) (nuts)

söt mjölk, så att de hade långt mer än de mäktade
sweet milk so that they had much more than they might

förtära.
consume

Efter några dager gick kärringen åter till buren för att
After some days went the hag once more to the cage for to

prova om syskonen var tillräckligt hulliga.
try whether the brother and sister were sufficient fleshy

"Stick fram ett finger, ropade hon, så jag kan känna
Stick forward a finger called she so I can feel

ert hull."
your flesh

Pojken   räckte   nu   fram   en   kålstjälk,   som   han   hade
The boy   reached   now   forward   a   calestalk   that   he   had
(stuck)

funnit   i   buren.   Trollpackan   skar   i   den   med   sin   kniv
found   in   the cage   The witch   cut   in it   with   her   knife

och   tänkte   att   barnen   var   mycket   feta.   Hon   tog   dem
and   thought   that   the children   were   very   fat   She   took   them

därefter   med   sig   till   stugan,   där   ugnen   var   eldad   och
thereafter   with   herself   to   the cottage   where   the oven   was   burning   and

allting   redo   för   att   steka   dem.
everything   ready   for   to   fry   them

Nu   sade   trollpackan   att   någon   av   syskonen   skulle   sätta
Now   said   the witch   that   either   of   the brother and sister   should   set

sig   på   brödspaden.   Då   gick   flickan   fram   och   ville
him or herself   on   the breadspade   Then   went   the girl   forward   and   wanted
(for the oven)

göra,   som   kärringen   hade   sagt,   men   pojken   stötte
to do   as   the hag   had   said   but   the boy   pushed

henne   undan   och   satte   sig   själv   i   stället.
her   away   and   set   himself   instead

När	så	trollpackan	skulle	skjuta	honom	in	i	ugnen,
When	so	the witch	would	shove	him	in	in	the oven

rörde	han	sig	mycket	och	trillade	ned	varje	gång
moved	he	himself	much	and	tumbled	down	each	time

kärringen	fattade	i	brödspadeskaftet.
the hag	took	in	the breadspadehandle

Trollpackan	blev	mycket	irriterad,	men	pojken	var	listig
The witch	became	very	irritated	but	the boy	was	crafty

och	bad	innerligen	vackert	att	om	hon	själv	skulle
and	asked	very	nice	that	if	she	herself	should

sätta	sig	på	brödspaden	och	visa	honom,	så	skulle
set	herself	on	the breadspade	and	show	him	so	should

det	nästa	gång	lyckas	bättre.	Kärringen	gjorde	efter
it	next	time	succeed	better.	The hag	did	after (like)

hans	begäran	och	satte	sig	på	brödspaden,	men
his	wish	and	set	herself	on	the breadshovel	but

pojken	var	genast	tillfreds,	fattade	skaftet,	sköt	häxan
the boy	was (had)	exactly	satisfied (what he wanted)	took	the handle	shoved	the witch

in	i	ugnen	och	stängde	ugnsmynningen.
in	into	the oven	and	closed	the oven door

Torparebarnen tog nu allt gods, som fanns i stugan
The crofter's kids took now all goods as existed in the little house
(was found)

och återvände glada till sin fader. Men jag vet dock
and returned happy to their father But I know however

icke, om trollpackan ännu är tillräckligt stekt, ty
not whether the witch still is rightly fried there

knappast lär någon ha öppnat ugnsluckan för att se
(it is) hardly learns someone has opened the oven hatch for to see
(likely)

därefter.
thereafter
(that)

31 Stugan av ostar

Den starka pojken
The   strong   the boy
(boy)

Det var en gång en pojke, som var ute och vallade
There was one time a boy that was out and herded

bockar. Då han var ute och vankade i skogen, kom
goats While he was out and wandered in the forest came

han till jättens stuga.
he to the giant's cottage

När jätten som bodde därinne, fick höra gny och rop
When the giant that lived in there started to hear noise and calls

i sitt grannskap, kom han ut för att se vad som
in his surroundings came he out for to see what that

var på gång.
was on meadow

Eftersom jätten var stor till växt och grym till
After that the giant was big of growth and cruel of
(While)

utseende, blev pojken rädd och gav sig undan det
appearance became the boy afraid and gave himself away the
(got out)

fortaste han kunde.
quickest he could

34 Den starka pojken

På kvällen, när vallpojken drev sina bockar ifrån betet,
On the evening when the pasture boy drove his goats from the meadow
(In) (shepherd)

var hans mor sysselsatt med att ysta.
was his mother busy with to make cheese

Pojken tog ett stycke av den färska osten, rullade
The boy took a piece of the fresh the cheese rolled
(cheese)

den i aska och gömde den därefter i sin väska.
it in ashes and hid it then in his bag

Följande morgon gick han vall, som hans sed var,
Following morning went he to pasture as his routine was
(The following)

och kom åter till jättens stuga. När nu resen fick
and came once more to the giant's cottage When now the giant started

höra gny av vallpojken och hans bockar, blev han
to hear noise of the shepherd boy and his goats became he

arg, gick ut och grep en stor gråsten och kramade
angry went out and grabbed a big rock of granite and crushed

den i handen, så att stenflisorna flög vida vägar.
it in the hand so that the stone chips flew wide away

Jätten sade, "Om du någonsin kommer här mera och
The giant said If you ever come here more and
(again)

för oväsen, vill jag krysta dig så liten, som jag nu
make noise will I press you so small as I now
(trouble) (crush)

kramar denna sten."
squeeze this stone

Pojken blev dock inte skrämd, utan låtsade även han
The boy became however not frightened but pretended also he

fatta en sten, men tog istället osten, som blivit rullad
to take a stone but took in its place the cheese that become rolled

i aska, och krystade den så att vasslan rann emellan
in ash and crushed it so that the whey ran between

hans fingrar och droppade ned på marken. Pojken
his fingers and dropped down on the ground The boy

sade:
said

"Om du icke ger dig av och låter mig vara i fred,
If you not give yourself off and let me stay in peace
(get out)

vill jag krama dig, såsom jag nu krystar vatten ur
will I squeeze you as I now press water out of

denna sten."
this stone

När nu jätten märkte att vallpojken var så stark, blev
when now the giant found out that the shepherd boy was so strong became

han rädd och gick in till sitt. Därmed skildes
he afraid and went in to his Thereby parted
(own place)

vallpojken och jätten ifrån varandra för den gången.
the shepherd boy and the giant from each other for that the time
(time)

Tredje dagen möttes de åter igen i skogen. Pojken
Third the day met they once more again in the forest The boy
(The third) (day)

frågade om de än en gång skulle pröva varandras styrka.
inquired whether they again one time would test eachothers strength

Jätten samtyckte till detta förslag. Pojken sade:
The giant agreed to this proposal The boy said

"Far, jag tänker att det är en gott prov på styrka, om
Father I think that it is a good test of strength if
(respectful title)

någon av oss kan kasta er yxa så högt, att hon
anyone of us can throw their axe so high that it

icke faller ned igen."
not falls down again

37 Den starka pojken

Jätten jakade att så var. De skulle nu pröva på, och
The giant nodded that so (it) was They would now test on and
(agreed) ( )

jätten kastade först. Han svingade mycket hårt, så att
the giant threw first. He swung very fast so that

yxan for högt i skyn, men hur mycket han än
the axe fared high in the sky but how much he also
(went)

försökte, föll yxan alltid ned igen. Då sade pojken:
tried fell the axe always down again Then said the boy

"Far, icke trodde jag att er styrka var så liten. Vänta
Father not believed I that your strength was so small Wait

så ska ni få se ett bättre kast."
then will you get to see a better throw

Pojken svängde därefter med armen, likasom för att
The boy swang then with the arm as if for to

kasta mycket hårt, men lät i detsamma yxan helt
throw very fast but let in the same the axe very
(moment)

behändigt slinka ned i väskan, som hängde på ryggen.
handily slip down in the bag that hung on the back
(his back)

38 Den starka pojken

Jätten märkte ingenting, utan väntade länge, att yxan
The giant noticed nothing but waited long that the axe
(until)

skulle falla till marken, men ingen yxa hördes av.
would fall to the ground but no axe was heard of
(seen)

Nu tänkte han för sig själv, att pojken måste vara
Now thought he for himself that the boy must be

mycket stark, trots han var så liten och klen till växt.
very strong although he was so light and little by growth

Därefter skildes de ifrån varandra och drog åt var sitt
Thereafter parted they from each other and returned to (where) was their
(Then)
håll.
home

När det gått en tid, möttes jätten och vallpojken åter.
When it passed a time met the giant and the shepherd boy again

Jätten frågade om icke pojken, som var så stark, ville
The giant inquired whether not the boy that was so strong would

ge sig i hans tjänst.
give himself in his service

39 Den starka pojken

Vallpojken samtyckte till förslaget, lämnade sina bockar i
The shepherd boy agreed to the proposal left his goats in

skogen och vandrade med jätten. De kom efter ett
the forest and walked with the giant They came after a

tag till jättens boning.
momentto the giant's abode

Det berättades att jätten och vallpojken skulle fara till
It was agreed that the giant and the shepherd boy should go to

skogs och fälla en ek. När de kom fram frågade
(the) forest and fell an oak When they came to asked
(arrived)

jätten, om pojken ville hålla eller hugga.
the giant if the boy wanted to hold or to chop

"Jag vill hålla, sade pojken, men ursäktade sig då att
I want to hold said the boy but excused himself therefore that

han icke räckte toppen."
he not reached the top

Då fattade jätten i trädet och böjde det till marken,
Then took the giant in the tree and bent it to the ground

men då pojken skulle hålla fast sprang eken tillbaka
but with the boy would hold fast jumped the oak back
(that)

och kastade honom högt upp i vädret, så att jätten
and threw him high up in the air so that the giant

knappast kunde följa honom med ögonen. Jätten stod
hardly could follow him with the eyes The giant stood

länge och undrade, vart hans dräng tagit vägen, grep
long and wondered where his farmhand had taken the road grabbed

därefter till yxan och började själv hugga. När det nu
then to the axe and began alone chop When it now

gått en stund, kom pojken framlinkandes, ty med knapp
took a while came the boy limping there with scarce
[he had a narrow

nöd hade han kommit undan. Jätten frågade, varför
hardship had he come away The giant asked why
escape]

han icke höll, men drängen låtsade såsom ingenting,
he not held but the farmhand pretended as if nothing
(nothing happened)

utan frågade tillbaka, om jätten vågade göra ett sådant
but asked back if the giant dared do a such

språng, som han nyss hade gjort. Jätten nekade då.
jump as he just had done The giant denied then

41 Den starka pojken

Då sade pojken, "Far, om ni icke törs göra det, så
Then said the boy Father if you not dare do it so

måste ni själv både hålla och hugga."
must you yourself both hold and chop

Härmed nöjde sig jätten och fällde ensam den stora
Herewith satisfied himself the giant and felled single-handedly the big

eken.
the oak
(oak)

När nu trädet skulle föras hem, sade jätten till sin
When now the tree would be carried home said the giant to his

dräng:
farmhand

"Vill du bära vid toppen, så skall jag bära vid roten."
Will you carry at the top so shall I carry at the roots

"Nej far," svarade pojken, "bär ni själv vid toppen, jag
No father replied the boy carry you self at the top I

orkar nog bära vid storändan."
manage well to carry at the big end

Jätten	samtyckte	härtill	och	lyfte	ekens	smala	ända	på
The giant	agreed	here to (with this)	and	lifted	the oak's	narrow	end	on

sin	skuldra.	Men	pojken,	som	var	bakefter	ropade	att
his	shoulder	but	the boy	who	was	back after (in the back)	called	that

han	skulle	rätta	till	trädet	bättre	där	fram.
he	would	support	to ()	the tree	better	there	forward

Jätten	gjorde	som	han	ombedes,	och	fick	slutligen	hela
The giant	did	as	he	asked	and	made (had)	finally	(the) whole

stocken	i	jämvikt	över	kropp,	men	pojken	hoppade	själv
trunk	in	balance	over	(the) body	but	the boy	jumped	self

upp	på	trädet	och	gömde	sig	emellan	grenarna,	så
up	on	the tree	and	hid	himself	between	the branches	so

att	jätten	icke	kunde	se	honom.	Jätten	började	nu
that	the giant	not	could	see	him	The giant	began	now

vandra,	och	menade	att	pojken	bar	vid	andra	ändan.
to walk	and	assumed	that	the boy	carried	at	other	the end

När	de	så	hade	färdats	en	stund,	tyckte	jätten	att
When	they	so	had	traveled	a	while	thought	the giant	that

det	var	ett	tungt	arbete,	och	han	stönade	hårt.
it	was	a	heavy	work	and	he	groaned	hard

"Är du inte trött än!" frågade jätten sin dräng.
Are you not tired then asked the giant his farmhand

"Nej det är jag inte," svarade pojken. "Far är väl
No that am I not said the boy Father is even

inte trött av så lite?"
not tired of so little

Jätten ville icke kännas vid, att så var, utan fortsatte
The giant wanted not admit to that so was but continued

sin väg. När de nu kommit fram, var jätten nästan
his road When they now came to was the giant almost
(arrived)

halvdöd av färden. Han kastade så trädet på marken,
half dead of the journey He threw so the tree on the ground

men pojken hade innan dess hoppat ned och låtsade
but the boy had before that jumped down and pretended

bära vid ekens storända.
to carry at the oak's big end

"Är du inte trött än?" frågade jätten.
Are you not tired then asked the giant

Pojken   svarade:
The boy   answered

"Åh,   inte   måste   far   tro,   att   jag   blir   trött   av   så   lite.
Oh   not   must   father   believe   that   I   become   tired   of   so   little

Stocken   tycktes   för   mig   inte   vara   tyngre,   än   att   jag
The trunk   seemed   for   me   not   be   heavier   than   that   I

hade   burit   den   ensam."
had   carried   it   single-handedly

Andra   morgonen   sade   jätten:
Other   the morning   said   the giant
(The next)   (morning)

"När   det   blir   dag,   ska   vi   ge   oss   ut   och   tröska"
When   it   becomes   daylight   shall   we   give us out   and   thresh
                              (go outside)

"Nej,"   svarade   pojken,   "jag   tycker   det   är   bättre   att
No   answered   the boy   I   think   it   is   better   to

tröska   i   gryningen,   innan   vi   äter   frukost."
thresh   in   the dawn   before   we   eat   breakfast

45 Den starka pojken

Jätten	höll	med	honom	om	detta,	gick	bort	och
The giant	held (agreed)	with	him	about this		went	away	and

hämtade	två	stora	slagor,	av	vilka	han	själv	fattade
took home	two	big	flails	of	which	he	self	took

den	ena.	När	de	nu	skulle	tröska,	förmådde	pojken
the	one	When	they	now	should	thresh	was able	the boy

icke	lyfta	sin	slaga,	så	stor	och	tung	som	den	var.
not	to lift	his	flail	so	big	and	heavy	as	it	was

Han	grep	då	en	käpp	och	bultade	i	golvet	lika	fort
He	grabbed	then	a	stick	and	hammered	on	the floor	equal	fast

som	jätten	tröskade.	Jätten	märkte	ingenting,	och	de
as	the giant	threshed	The giant	noticed	nothing	and	they

fortsatte	så	tills	dagen	blev	ljus.	Då	sade	pojken:
continued	thus	until	day	became	light	Then	said	the boy

"Nu	vill	jag	gå	hem	och	äta	frukost."
Now	will	I	go	home	and	eat	dinner

"Ja,"	sade	jätten,	"det	verkar	som	vi	har	arbetat	hårt
Yes	said	the giant	it	seems	that	we	have	worked	hard

nog	idag."
enough	today

Någon tid därefter satte jätten sin dräng att plöja.
Some time thereafter set the giant his farmhand to plough

Han undervisade honom om hur han skulle gå till
He taught him about how he should go to
[go about

väga:
weigh
]

"När hunden kommer skall du lösgöra oxarna och ställa
When the dog comes shall you release the oxen and place

in dem i stallet och låta hunden gå före."
in them in the stable and let the dog go in front

Pojken lovade göra som sagt var. Men när oxarna
The boy promised to do as said was But when the oxen

blivit löstgjorda, kröp jättens hund in under grundvalen
became released crawled the giant's dog in under the basis

till en byggnad, där det icke fanns någon dörr. Jätten
to a building there that not existed any door The giant
(of)

hade för avsikt att testa om hans dräng var nog
had as intention that check if his farmhand was enough

stark, att ensam lyfta upp huset och ställa in oxarna
strong to single-handedly lift up the house and set in the oxen

i deras bås.
in their stables

47 Den starka pojken

Pojken tänkte efter både länge och väl, vad han nu
The boy thought after both long and well what he now
( )

skulle göra. Slutligen kom han fram till ett beslut,
should do Finally came he forward to an decision

slaktade oxarna och kastade deras kroppar in genom
butchered the oxen and threw their bodies in through

gluggen. När han nu kom hem, frågade jätten om
the opening When he now came home asked the giant whether

han fått in oxarna i stallet.
he put in the oxen in the stable

"Ja," svarar drängen, "visst fick jag dem in."
Yes replied the farmhand sure got I them in

Nu började jätten ha misstankar och samrådde med
Now began the giant to have suspicions and debated with

jättekvinnan, hur de skulle kunna ta livet av drängen.
the giant's wife how they should be able to take the life of the farmhand

Käringen sade:
The woman said

"Det är mitt råd att du tar din klubba och slår ihjäl
It is my advice that you take your club and hit to death

honom i natt, medan han sover."
him in night while he sleeps

Jätten tyckte detta vara ett gott råd och lovade göra
The giant thought this was a good advice and promised to do

som hon hade sagt. Men pojken stod på lur och
as she had said. But the boy stood spying and

lyssnade till deras samtal. När nu kvällen kom, lade
listened to their deliberations When now the evening came placed

han en mjölkkärna i sängen och gömde sig själv
he a milk churning vessel in the bed and hid himself

bakom dörren. Vid midnattstid stiger jätten upp, griper
behind the door At midnight rose the giant up grabbed
(got)

sin jätteklubba och slår till mjölkkärnan, så att flöten
his giant's club and hit on the milk churning vessel so that the fluid

stänkte honom i ansiktet. Därefter gick han till sin
splashed him in the face Then went he to his

hustru, skrattade och sade:
wife laughed and said

"Ha, ha, ha, jag slog honom så att hjärnan stänkte
Ha ha ha I hit him so that the brain splashed

högt upp på väggen."
high up on the wall

Då blev käringen glad, prisade sin mans dristighet och
Then became the woman happy praised her man's boldness and

menade, att de nu kunde sova lugnt, eftersom de
assumed that they now could sleep calm since they

icke mer behövde vara rädda för den lömska drängen.
not more needed be afraid for the bad behaved the farmhand
(farmhand)

Men knappt blev dagen ljus, då pojken kröp fram ur
But hardly became the day light then the boy crawled forward from

sitt gömställe och gick in och hälsade på jättefolket.
his hiding-place and went in and greeted the giant people
(on)

Nu blev jätten mycket förundrad och frågade:
Now became jätten very surprised and asked

"Vad, är du inte död? Jag trodde jag slog ihjäl dig
What are you not dead I believed I hit to death you

med min klubba."
with my club

Pojken svarade:
The boy replied

"Det kändes i natt som att en loppa bitit mig."
That felt at night as that a flea bit me
(if)

Om aftonen, när jätten och hans dräng skulle äta,
In the evening when the giant and his farmhand would eat

hade jättekäringen lagat gröt till kvällsmat.
had the giant's wife prepared porridge for the evening meal

"Det var bra," sade pojken, "nu ska vi tävla om vem
That was good said the boy now shall we compete for who

som kan äta mest, far eller jag."
as can eat most Father or I

Jätten	var	genast	redo,	och	de	började	äta	allt	vad
The giant	was	directly	ready	and	they	began	to eat	all	what

ätas	kunde.	Men	pojken	var	listig.	Han	hade	bundit
be eaten	could	But	the boy	was	cunning	He	had	tied

sin	väska	framför	magen	och	stack	så	en	sked	gröt
his	bag	before	the stomach	and	shoved	so	a	spoonful	porridge

i	munnen,	medan	han	stoppade	två	skedar	i
in	the mouth	while	he	put	two	spoonfuls	in

skinnväskan.
the skin bag

När	nu	jätten	hade	ätit	sju	fat	gröt,	var	han	mätt,
When	now	the giant	had	eaten	seven	plates	porridge	was	he	satisfied

så	att	han	stånkade	högt	och	icke	förmådde	mera,
so	that	he	groaned	hard	and	not	could do	more

men	pojken	fortsatte	lika	ivrigt	som	förut	att	äta.	Då
but	the boy	went on	equally	eager	as	before	to	eat	Then

frågade	jätten	hur	det	kom	sig,	att	han	som	var	liten
asked	the giant	how	it	came	by itself	that	he	who	was	small

till	växt	kunde	förtära	så	mycket.	Pojken	svarade:
to growth (in size)	could	consume	so	much	the boy	answered

"Far,   det   vill   jag   säga   er.   När   jag   ätit   så   mycket
Father   that   shall   I   tell   you   When   I   eat   so   much
(Sir)

jag   behagar,   ristar   jag   upp   magen,   så   jag   kan   äta
I   wish   carve   I   up   the stomach   so   I   can   eat

ännu   lika   mycket."
(anew) still   as   much

Vid   dessa   ord   tog   han   en   kniv   och   skar   upp
At   these   words   took   he   a   knife   and   cut   up

väskan,   så   att   gröten   rann   ut.
the bag   so   that   the porridge   ran   out

Jätten   tyckte,   att   detta   var   ett   gott   påfund,   och   ville
The giant   thought   that   this   was   a   good   invention   and   wanted
(idea)

göra   detsamma.
do   the same

Men   då   jätten   stack   sin   kniv   i   magen,   började   blodet
but   as   the giant   stuck   his   knife   in   the stomach   began   the blood

strömma,   och   det   verkade   icke   bättre   än   att   detta
to flow   and   there   succeeded   nothing   better   than   that   this
(followed)

blev   hans   död.
became   his   death

53 Den starka pojken

När	jätten	var	död,	tog	pojken	allt	gods	som	fanns	i
When	the giant	was	dead	took	the boy	all	goods	as	existed	in
									(were found)	

stugan	och	drog	om	natten	sin	väg.
the cottage	and	pulled	in	the night	his	way
		(went)				

Och	så	slutar	sagan	om	den	listige	vallpojken	och
And	so	ends	the story	about	the	cunning	the shepherd boy	and

den	dumme	jätten.
the	stupid	giant

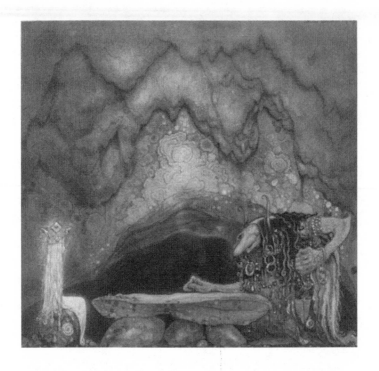

Den lata konungadottern
The lazy the king's daughter
(princess)

Det var **en** gång **en** konungason och **en** konungadotter,
There was a time a king's son and a king's daughter
(one)

som älskade varandra mycket. **Den** unga prinsessan var
who loved one another much The young the princess was
(princess)

blid och fager och av alla väl omtalad. **Hennes** sinne
kind and fair and by all well discussed Her fancy
(spoken of)

var mer fyllt av lust och lek än av handels slöjd och
was more filled of fun and play than of hand work and

husliga sysslor. **Detta** tyckte den gamla drottningen var
house duties This seemed to the old the queen was
(queen)

illa och sade att hon icke ville ha någon sonhustru
bad and said that she not would have any son's wife
(daughter in law)

som icke var lika snäll som hon själv hade varit i
who not was equally diligent as she herself had been in

sin ungdom.
her youth

Drottningen lade sig därför på alla sätt och vis emot
The queen placed herself therefore on all set and sense against
(in all possible ways)

prinsens giftermål.
the prince's marriage

När nu drottningen icke ville ta sitt ord tillbaka, gick
When now the queen not wanted take her words back went

konungasonen inför sin moder och frågade om man
the king's son before his mother and asked if one

inte kunde sätta hans fästmö på prov, för att se om
not could set his fiancé on test for to see whether

hon till äventyrs var lika snäll som drottningen själv.
she peradventure was equally ok as the queen herself
(perchance , maybe)

Detta tyckte alla vara en djärv begäran, ty prinsens
This thought all to be a bold request as the prince's

moder var en drivande kvinna, som spann och
mother was a driven woman, who spun and
(spirited)

sömmade och vävde både natt och dag, så ingen
sewed and wove both night and day, so no-one

visste hennes like.
knew her equal

Slutet blev likväl, att prinsen fick sin vilja fram.
The conclusion became nevertheless that the prince got his wish through
(fulfilled)

57 Den lata konungadottern

Den fagra prinsessan skickades nu till jungfrustugan, och
The fair the princess was send now to the maiden's cottage and
(princess)

drottningen sände henne ett pund lin att spinna. Linet
the queen sent her a pound flax to spin The flax

skulle vara spunnet, innan natten blev till dag, annars
should be spun before de nacht became to day otherwise

skulle jungfrun aldrig mer tänkas kunna få konungasonen.
would the maiden never more think to be able to get the king's son

Sedan prinsessan blivit lämnad åt sig själv, blev hon
After the princess became left to herself became she

illa till mods, ty hon visste väl att hon inte kunde
bad of mood as she knew well that she not could

spinna drottningens lin, och ville inte mista den unge
spin the queen's flax and wanted not lose the young

prinsen, som höll henne så kär. Hon vankade fram
the prince who held her so dear She walked forth
(prince)

och tillbaka i rummet och bara grät, ideligen grät.
and back in the room and only cried incessantly cried

Rätt som det var, öppnades dörren så sakta, och där
Right as that was was opened the door so gently and there

trädde in en liten, liten gumma med ovanligt utseende
walked in a little little old woman with unusual appearance
(strange)

och med ännu ovanligare uppförande. Den lilla gumman
and with still stranger behaviour The little the old woman
(old woman)

hade ofantligt stora fötter, så att vem som helst som
had enormous big feet so that who ever that

såg dem måste undra däröver.
saw it must wonder about it

Hon hälsade, "Guds fred!"
She greeted God's peace

"Guds fred igen!" svarade konungadottern.
God's peace back replied the king's daughter

Gumman frågade: "Varför är sköna jungfrun så sorgsen
The old woman asked Wherefore is beautiful the maiden so sad
(Why) (maiden)

i kväll?"
in (this) evening
(op)

Prinsessan svarade: "Jag må väl vara sorgsen.
The princess answered I may well be sad

Drottningen har befallt mig att spinna ett pund lin. Om
The queen has commanded me to spin a pound flax If

jag inte har gjort det innan i morgon, när dagen blir
I not have done that by tomorrow when the day becomes

ljus, mister jag konungasonen, som håller mig så
light lose I the king's son who holds me so

hjärteligen kär."
very much dear

Gumman tog till orda: "Stackars, sköna jungfru! Är det
The old woman took to speak Poor beautiful maiden Is it
[spoke]

inget annat, så vill jag hjälpa er. Men då måste ni
nothing else so shall I help you But then must you

uppfylla en bön, som jag nu vill nämna."
fullfill a prayer that I now will name
(wish)

Detta gjorde prinsessan väldigt glad och hon frågade
This made the princess immensely glad and she asked
(happy)

efter den gamla kvinnans begäran.
after the old the woman's wish
(of) (woman's)

"Jo", sade gumman, "jag heter Storfotamor. Och jag vill
Yes said the old woman I am called Bigfeetmother And I want

inte ha annan lön för min hjälp, än att jag får vara
not to have another pay for my help than that I may be

med på ert bröllop. Jag har inte varit på något
with on your wedding I have not been on any
(present)

bröllop, alltsedan drottningen er svärmor stod brud."
wedding ever since the queen your mother in law stood bride
(was)

Konungadottern samtyckte gärna till denna begäran, och
The king's daughter agreed gladly to this bequest and
(wish)

så skildes de ifrån varandra.
so parted they from each other

Gumman gick sin väg, och prinsessan lade sig att
The old woman went her way and the princess laid herself to

sova, dock utan en blund i ögonen under hela den
sleep although without a wink in eyes during the whole the
(sleep)

långa natten.
long the night
(night)

61 Den lata konungadottern

Tidigt på morgonen innan dagen grydde, öppnades
Early in the morning before the day dawned was opened

dörren, och den lilla gumman trädde åter in. Hon gick
the door and the little the old woman stepped once more in She went
(old woman)

nu fram till konungadottern och räckte henne en knippa
now forward to king's daughter and reached her a bunch
(passed) (of)

garn. Men garnet var vitt som snö och grant som
yarn But the yarn was white as snow and grand as

en spindelväv.
a spider web

Gumman sade:
The old woman said

"Ser du, så här vackert garn har jag inte spunnit,
See you so here beautiful yarn have I not spun

ända sen jag spann åt drottningen, när hon skulle
end late I spun for the queen when she would
(since) (was to)

gifta sig. Men det var längesen nu."
marry herself But that was long ago now
()

Så talat försvann den lilla kvinnan, och prinsessan sov
Thus spoken disappeared the little the woman and the princess slept
(woman)

en ljuvlig blund.
a lovely nap

Men det hade inte gått länge, förrän hon väcktes av
But it had not gone long before she was waken by
(on)

den gamla drottningen, som stod framför sängen och
the old the queen who stood before the bed and
(queen)

frågade om linet var färdigspunnet.
inquired whether the flax was ready spun
(asked) (if)

Konungadottern jakade härtill och räckte henne garnet.
The king's daughter acknowledged hereto and reached her the yarn
(passed)

Drottningen gav sig till freds för den gången, men
The queen gave herself to peace for this time but
(give in , acknowledge defeat)

prinsessan märkte att det inte skedde av gott hjärta.
the princess noticed that it not happened from good heart
(with all her heart)

När det led fram på dagen, sade drottningen att hon
When it became further on the day said the queen that she

ville sätta konungadottern på ett annat prov.
wanted to set the king's daughter onto an other test

Hon | skickade | så | garnet | till | jungfrustugan | tillsammans
She | sent | thus | the yarn | to | the maiden's cottage | together

med | rännträd | och | annat | redskap | och | befallde | prinsessan
with | loom | and | other | tools | and | commanded | the princess

väva | det | till | en | väv. | Men | väven | skulle | vara | färdig
to weave | it | to | a | cloth | But | the fabric | should | be | completed

innan | solen | gick | upp, | annars | skulle | jungfrun | aldrig | mer
before | the sun | went | up | otherwise | would | the maiden | never | more

tänkas | kunna | få | den | unge | konungasonen.
think | to be able | get | the | young | king's son

Sedan | prinsessan | kommit | för | sig | själv, | blev | hon | åter
After | the princess | came | by | herself | | became | she | once more

mycket | illa | till | mods, | ty | hon | visste | att | hon | inte | kunde
very | bad to mood (sad) | | because she | knew | that | she | not | could

väva | drottningens | garn, | och | likväl | ville | hon | inte | mista
weave | the queen's | yarn | and | still | wanted | she | not | to lose

konungasonen, | som | höll | henne | så | kär. | Hon | vankade
the king's son | who | held | her | so | dear | She | walked

därför | omkring | i | rummet | och | grät | bitterligen.
therefore | around | in | the room | and | cried | bitterly

Rätt	som	det	var,	öppnades	dörren	så	sakta,	så
Right	as	that	was	was opened	the door	so	gently	so

sakta,	och	där	trädde	in	en	mycket	liten	gumma	av
gently	and	there	stepped	in	a	very	little	old woman	of

ovanlig	skepnad	och	med	ännu	ovanligare	beteende.
strange	appearance	and	with	still	stranger	manners

Den	lilla	gumman	hade	en	ofantligt	stor	bakdel,	så	att
The	little	the old woman (old woman)	had	an	enormous	big	back	so	that

var	man	som	såg	den	måste	undra	däröver.	Hon
every	man (one)	who	saw	it	must	wonder	about it	She

hälsade:
greeted

"Guds   fred!"
God's   peace

"Guds   fred   igen",   svarade   konungadottern.
God's   peace   back   answered   the king's daughter

Gumman	frågade:	"Varför	är	sköna	jungfrun	så	ensam
The old woman	asked	Why	is	beautiful	the maiden (maiden)	so	lonely

och   sorgefull?"
and   sorrowful

"Jo", sade prinsessan:
Yes   said   the princess

"Jag må väl vara sorgsen. Drottningen har befallt mig
I   may well be   sad   The queen   has   commanded me

väva allt detta garnet till en väv. Men om jag inte
to weave all this   the yarn to   a   cloth But if   I   not
                      (yarn)

har gjort det tills i morgon, när dagen blir ljus, mister
have done that by tomorrow   when the day becomes light lose

jag konungasonen, som håller mig så hjärteligen kär."
I   the king's son   who holds me   so very much   dear

Kvinnan tog till orda:
The woman took to speak
         (tog till orda; spoke)

"Stackars, sköna jungfru! Är det inget annat, så vill
Poor   beautiful maiden Is   it   not   other   so will

jag hjälpa er. Men då måste ni godkänna ett villkor,
I   help you But then must you grant   a   condition

som jag nu vill nämna."
that I   now will name

Vid	detta	tal	blev	den	unga	prinsessan	otroligt	glad
At	this	speech	became	the	young	the princess (princess)	incredibly	glad

och	frågade	efter	den	gamla	kvinnans	begäran.
and	asked	after (for)	the	old	the woman's (woman's)	desire

"Jo",	sade	gumman:
Yes	said	the old woman

"Jag	heter	Storgumpamor	och	vill	inte	ha	någon	annan
I	am called	Bighumpbackmother	and	wish	not	to have	any	other

lön,	än	att	jag	får	vara	med	på	ert	bröllop.	Jag	har
pay	than	that	I	may	be	with	on (present)	your	wedding	I	have

inte	varit	med	på	något	bröllop,	sedan	drottningen	er
not	gone		on	any	weddings	since	the queen	your

svärmor	stod	brud."
mother in law	stood	bride

Konungadottern	samtyckte	gärna	till	denna	begäran,	och
The king's daughter	agreed	gladly	to	this	desire	and

så	skiljdes	de	från	varandra.
so	parted	they	from	each other

Gumman gick sin väg, och konungadottern lade sig att
The old woman went her way and the king's daughter laid herself to

sova, dock utan en blund i ögonen under hela den
sleep although without a wink in the eyes during whole the
(sleep)

långa natten.
long (the) night

Tidigt på morgonen, innan det bräckte för dagen,
Early on the morning before it broke for the day
(in) [daybreak]

öppnades dörren och den lilla gumman trädde åter in.
was opened the door and the little the old woman stepped once more in
(old woman)

Hon gick nu fram till konungadottern och räckte henne
She went now forward to the king's daughter and reached her
(passed)

en väv. Men väven var vit som snö och tät som
a cloth But the fabric was white as snow and tight as

skinn, så ingen sett dess like. Gumman sade, "Ser
skin so no one saw its equal The old woman said See

du, så här jämna stader har jag inte vävt, alltsedan
you so here quality lace have I not woven since

jag vävde åt drottningen när hon skulle gifta sig. Men
I wove for the queen when she would marry herself But

det var längesedan nu."
that was long ago now

Därefter försvann kvinnan, och prinsessan sov en liten
Thereafter disappeared the woman and the princess slept a short
(Then)

ljuvlig blund.
delightful nap

Men det hade inte gått länge, förrän hon väcktes av
But it had not went long for then she was awoken by
(last)

den gamla drottningen, som stod vid hennes säng och
the old the queen who stood at her bed and
(queen)

frågade om väven var färdig. Konungadottern jakade
asked if the fabric was completed The king's daughter nodded

härtill och räckte fram den fagra vävnaden. Drottningen
to this and reached forward the beautiful the fabric The queen
(passed) (fabric)

gav sig tillfreds för andra gången. Men prinsessan
gave herself pleased for another time But the princess
(was) ()

kunde både se och märka att hon inte gjorde det
could both see and notice that she not did it

av god vilja.
of good will
(of free will)

Konungadottern tänkte nu, att hon skulle slippa vidare
The king's daughter thought now that she would get away from further

prov.
tests

69 Den lata konungadottern

Men drottningen var av en annan mening, ty efter en
But the queen was of an other opinion while after a

stund lät hon skicka väven ned till jungfrustugan och
short while let she send the fabric down to the maiden's cottage and

sade att prinsessan skulle sömma den till skjortor åt
said that the princess should sew it to shirts for

sin fästman. Skjortorna borde vara färdiga innan solen
her fiancé The shirts should be completed before the sun

gick upp, annars skulle jungfrun aldrig kunna få
went up otherwise would the maiden never be able to get

konungasonen.
the king's son

När prinsessan åter blivit ensam, blev hon
When the princess once more became alone became she

illa till mods, ty hon visste väl att hon inte kunde
bad of mood while she knew well that she not could
(sad)

sömma drottningens väv, och ville inte mista den unge
sew the queen's cloth and wanted not lose the young

prinsen, som höll henne så kär.
the prince who held her so dear
(prince)

Hon **vankade** därför omkring i rummet och fällde sina
She walked therefore around in the room and dropped her

modiga tårar. Rätt som det var, öppnades dörren så
brave tears Just as that was was opened the door so

sakta, så sakta, och där trädde in en mycket liten
gently so gently and there stepped in a very little

gumma av underligt utseende och med ännu underligare
old woman of remarkable appearance and with still more remarkable

beteende.
behaviour

Den lilla gumman hade en ofantligt stor tumme, så att
The little the old woman had an enormous big thumb so that
(old woman)

var man, som såg den, måste undra däröver. Hon
every one who saw it must wonder about it She

hälsade, "Guds fred!"
greeted God's peace

"Guds fred igen!" svarade konungadottern.
God's peace back answered the king's daughter

Gumman frågade: "Varför är sköna jungfrun så ensam
The old woman asked Why is beautiful (the) maiden so lonely

och sorgefull?"
and sorrowful

71 Den lata konungadottern

"Jo", sade prinsessan, "jag må väl vara sorgsen.
Yes said the princess I may well be sad

Drottningen har befallt mig sömma denna väv till
The queen has commanded me to sew this cloth to

skjortor åt konungasonen. Men om jag inte har gjort
shirts for the king's son But if I not have done

det tills i morgon, när solen går upp, mister jag min
that by morning when the sun goes up lose I my

fästman, som håller mig så hjärteligen kär."
fiancee who holds me so very much dear

Då tog kvinnan till orda: "Stackars, sköna jungfru! Är
Then took the woman to speak Poor beautiful maiden Is
(tog till orda; spoke)

det inget annat, så kan jag hjälpa er. Men då måste
it not anything else so can I help you But then should

ni godkänna ett villkor, som jag nu skall nämna."
you grant a condition which I now shall name

Detta gjorde den unga prinsessan otroligt glad, och
That made the young (the) princess incredibly happy and

frågade efter gummans önskan.
asked after the old woman's wish
(for)

"Jo",   sade   kvinnan,   "jag   heter   Stortummamor   och   jag
Well   said   the woman   I   am called Bigthumbmother   and   I

vill   inte   ha   någon   annan   lön,   än   att   jag   får   vara
want to not have   any   other   pay   than that   I   may   be

med   på   ert   bröllop.   Jag   har   inte   varit   med   på   något
with   on   your   wedding   I   have   not   joined   on   any
(present)   (gone)

bröllop,   alltsedan   drottningen   er   svärmor   stod   brud."
wedding   ever since   the queen   your mother in law stood bride

Konungadottern   samtyckte   gärna   till   detta   villkor,   och   så
The king's daughter   agreed   gladly   to   this   condition   and   so

skiljdes   de   ifrån   varandra.
were parted they from   each other

Gumman   gick   sin   väg,   och   prinsessan   lade   sig   att
The old woman went her   way   and   the princess   laid   herself to

sova   och   sov   så   hårt   att   hon   inte   drömde   om   sin
sleep   and   slept so   hard   that   she   not   dreamt   about her
                          (fast)

fästman   en   endaste   gång.
fiancé   a   one   time

73   Den lata konungadottern

Tidigt på morgonen, innan solen gick upp, öppnades
Early *in* *the morning* *before* *the sun* *went* *up* *was opened*

dörren och den lilla gumman trädde åter in.
the door *and* *the* *little* *the old woman* *stepped* *once more in*
(old woman)

Hon gick nu fram till konungadottern, väckte henne och
She *went* *now* *forward* *to* *the king's daughter* *woke* *her* *and*

gav henne några skjortor. Men skjortorna var sömmade
gave *her* *some* *shirts* *But* *the shirts* *were* *sewed*

och stickade med konst, så att man aldrig sett maken.
and *needled* *with* *art* *so* *that* *one* *never* *seen* *the seam*

Gumman sade, "Ser du, så väl som detta har jag
The old woman *said* *Look* *you* *very* *well* *as* *this* *have* *I*

inte sömmat, alltsedan jag sömmade åt drottningen, när
not *sewn* *ever since* *I* *sew* *for* *the queen* *when*

hon skulle stå brud. Men det var längesedan nu."
she *would* *stand* *bride* *But* *that* *was* *a long time ago* *now*

Med   dessa   ord   försvann   den   lilla   gumman,   ty
With   these   words   disappeared   the   little   the old woman   because
                                                      (old woman)

drottningen   stod   just   i   dörren   och   frågade   om
the queen   stood   just   in   the door   and   asked   if

skjortorna   var   färdiga.
the shirts   were   completed

Konungadottern   jakade   härtill   och   räckte   fram   den   vackra
The king's daughter   nodded   hereto   and   reached   over   the   beautiful

sömmaden.   Då   blev   drottningen   så   förbittrad,   att   det
sewing   Then   became   the queen   so   embittered   that   it

gnistrade   i   ögonen   på   henne.   Hon   sade,   "Ja,   så   ta
sparked   from   the eyes   on   her   She   said   Yes   so   takes
                           (with)

honom   då!   Jag   kunde   väl   aldrig   tänka   mig   att   du
him   then   I   could   well   never   thought   myself   that   you

var   så   snäll   som   du   är."
were   so   hardworkingas   you   are

Därmed   gick   hon   sina   väg   och   smällde   igen   dörren,
With that   went   she   her   way   and   smacked   close   the door

så   det   dånade   i   låset.
so   it   banged   in   the lock
                    ()   (locked)

75   Den lata konungadottern

Konungasonen   och   konungadottern   skulle   nu   få   varandra,
The king's son and   the king's daughter would   now   get   each other

såsom   drottningen   hade   lovat,   och   det   dukades   till
as   the queen   had   promised and   there was readied for

bröllop.
the wedding

Men   prinsessan   var   inte   så   glad   åt   sin   bröllopsdag,   ty
But   the princess was   not   so   happy   at   her   wedding day   while

hon   fruktade   underliga   gäster   som   skulle   komma.
she   feared   remarkable   guests   that   would   come

Tiden   gick   och   bröllopet   stod   med   lust   och   glädje
The time went   and   the wedding   stood   with   happiness and   blessing

efter   gammal   sedvänja.
after   old   traditions

Men   inga   gummor   syntes   till,   hur   mycket   än   bruden
But   no   old women   were visible to   how   much   also   the bride

såg   sig   omkring.
saw   herself   around

Sent omsider, när gästerna skulle gå till bords, fick
Later eventually when the guests should go to the tables got (caught)

konungadottern syn på de tre små kvinnorna, där de
the king's daughter sight on the three small the women (woman) there they

satt i ett hörn av bröllopssalen vid ett bord för
sat in a corner of the wedding hall at a table for

sig själva. Då steg konungen upp och frågade, vad
themselves Then ascended the king up and asked what

detta var för gäster, som han inte hade sett till
this were for guests who he not had seen to ()

tidigare. Den äldsta av de tre
before The oldest of the three

gummorna svarade:
the old women (old woman) answered

"Jag heter Storfotamor, och jag har så stora fötter
I am called Bigfeetmother and I have such big feet

eftersom jag fått spinna så mycket i mina dar."
because I had to spin so much in my days

"Jaså", sade konungen, "då skall min sonhustru aldrig
Yes so (I see) said the king then shall my son's wife (daughter in law) never

spinna mer."
spin anymore

Han   vände   sig   därefter till   den   andra   kvinnan   och
He   turned   himself then   to   the   other   the woman   and

frågade,   vad   orsaken   var   till   hennes   underliga   utseende.
asked   what   the reason was   of   her   remarkable   appearance

Gumman   svarade: "Jag   heter   storgumpamor,   och   jag   har
The old woman   replied   I   is called Bighumpbackmother and   I   have

så   stor   bakdel   eftersom   jag   fått   väva   så   mycket   i
so   big   back   because   I   had to   weave   so   much   in

mina   dar."
my   days

"Jaså,"   sade   konungen,   "då   skall   min   sonhustru   också
Yes so   said   the king   then   shall   my   son's wife   also
(I see)   (daughter in law)

aldrig   väva   mer."
never   weave   anymore

Han   vände   sig   därefter till   den   tredje   gumman   och
He   turned   himself then   to   the   third   the old woman   and
                                                               (old woman)

frågade   efter   hennes   namn.
asked   after   her   name

Då | reste | sig | Stortummamor | och | sade, | att | hon | fått | så
Then | rose | herself | Bigthumbmother | and | said | that | she | got | so

stor | tumme, | efter att | hon | sömmat | så | mycket | i | sina
big | thumb | after that | she | sew | so | much | in | her

dar.
day

"Jaså," | sade | konungen, | "då | skall | min | sonhustru | också
Yes so | said | the king | then | will | my | son-wife | also
(I see) | | | | | | (daughter-in-law) |

aldrig | sömma | mer."
never | sew | anymore

Och | därvid | blev | det. | Konungadottern | fick | prinsen | och
And | with that | remained | it | The King's daughter | got | the prince | and

slapp | att | både | spinna | och | väva | och | sömma | i | alla
got away | from to | both | spin | and | weave | and | sewing | in | all
| | (either) | | | | | | |

sina | dar.
her | days

När | bröllopet | var | till | ända | försvann | storgummorna, | och
When | the wedding | was | to | end | disappeared | the big old women | and

ingen | såg | vart | de | tog | vägen, | likasom | ingen | visste,
no-one | saw | where | they | took | the road | as well as | no-one | knew

varifrån | de | kommit.
where from | they | came

79   Den lata konungadottern

Men   prinsen   levde   lycklig   och   nöjd   med   sin   hustru,
But   the prince   lived   happy   and   pleased   with   his   consort

och   allt   gick   tyst   och   stilla   och   fridsamt,   bara   för   att
and   all   went   quiet   and   placid   and   peaceful   only   for   that

prinsessan   inte   var   så   drivande   som   den   stränga
the princess   not   was   so   spirited   as   the   severe

drottningen.
the queen
(queen)

De tre trollpackorna
The   three   the trolls
(trolls)

Det   var   en   gång   en   gubbe   och   en   gumma,   som
There was   a   time   an   old man and   an   old woman who

bodde   i   ett   torp   i   skogen.   De   hade   en   son.
lived   in   a   cottage in   the forest They   had   a   son

Han   var   flitig   och   öppensinnad,   i   vad   han   än   tog   sig
He   was   diligent and   open minded   in   what   he   then took   himself
(vad än; whatever)

till,   och   de   väntade   att   han   skulle   bli   dem   ett   gott
to   and   they expected   that   he   would   become for them a   good

stöd   på   ålderdomen.   Men   pojken   hade   annat   i
support in   the old age   But   the boy   had   (something) else   in

tankarna,   ty   aldrig   ville   han   arbeta   och   bruka   jorden,
the thoughts because never   wanted   he   work   and   farm   the land

utan   istället   ville   han   bara   driva   omkring   och   gå   på
but   instead   wanted   he   only   drift   about   and   go   on

jakt.
hunt
(s)

Detta   gjorde   att   gubben   och   gumman   bar   på   en   stor
This   made   that   the old man and   the old lady carried   a   big

sorg.
worry

Likväl   lät   de   honom   göra   som   han   ville,   och   tiden
Still   let   they   him   do   as   he   wanted   and   the time

gick,   den   ena   dagen   efter   den   andra.
went   the   one   the day   after   the   other
                         (day)

När   pojken   nu   var   bortåt   femton,   sexton   år   gammal,
When   the boy   now   was   about   fifteen   sixteen   year   old
                                                    (s)

hände   sig   en   dag,   att   han   fick   se   en   stor   fågel
happened   itself   a   day   that   he   got   to see   a   big   bird

komma   farandes,   som   slog   sig   ned   i   ett   högt   träd   i
came   traveling   which   hit   itself   down   in   a   high   tree   in
                         (set)

skogen.
the forest

Fågeln   var   inte   lik   andra   fåglar   som   han   sett   tidigare,
The bird   was   not   like   other   birds   as   he   saw   before

utan   var   mycket,   mycket   finare,   och   fjädrarna   glänste   i
but   was   much   much   more beautiful   and   the feathers   glittered   in

solskenet   så   det   var   en   lust   till   att   skåda.
the sunshine   so   it   was   a   lust   for   to   behold

Pojken besinnade sig så icke länge, utan smög
The boy contemplated self so not long but crept

närmare och närmare, spände sitt armborst, lade pil på
closer and closer strung his bow loaded (an) arrow on (placed)

sträng och sköt fågeln så att den föll till jorden. Men
(the) string and shot the bird so that it fell to the ground But

samtidigt skedde en underlig sak, ty vid fågelns fall
at that moment happened a remarkable thing there with the bird's fall

skiftade den sitt utseende och blev till en vacker
shifted it his appearance and became a fair

yngling med guldkrona på huvudet, så pojken aldrig
young man with golden crown on the head so the boy never

sett någonting så grant i all sin tid. Då bad
saw something so great in all his time Then asked

ynglingen:
the young man

"Käre gosse, låt mig behålla livet, för jag är kung
Dear boy let me keep the life for I am king

Älver, och om du ropar på mig, när du kommer i
Elf and when you call me when you come in
(of the elves)

nöd, vill jag göra dig lika gott igen."
need will I do you same good in return

Ja,   pojken   hade   inte   hjärta   till   att   göra   honom   något
Yes   the boy   had   not   heart   for   to   do   him   any

ont,   utan   samtyckte,   att   han   skulle   få   leva,   om   han
harm   but   agreed   that he   would   may   live   if   he

blott   ville   stå   fast   vid   sitt   ord,   som   han   sagt.
only   wanted   stand   fast   with   his   word   that   he   said

Detta   lovade   ynglingen   gärna,   och   så   skildes   de   åt.
That   promised   the young man   gladly   and   so   parted   they   from
                                                                          ()

Kung   Älver   återtog   sin   fågelhamn   och   for   sin   väg,
King   Elf   took back   his   bird form   and   traveled   his   way

och   pojken   vände   tillbaka   till   hemmet.   Men   efter   den
and   the boy   turned   back   to   the home   But   after   that
                                           ()   (home)

dagen   hade   han   icke   mer   någon   ro,   utan   det   var
the day   had   he   not   more   any   rest   because   it   was
(day)

klart   för   honom   att   han   ville   ge   sig   bort   ifrån   torpet
clear   to   him   that   he   wanted   to give   himself   away   from   the cottage
                                            (get)

och   söka   lyckan   i   världen.
and   search for   the fortune   in   the world
                   (fortune)

Hur	länge	det	än	handlade	om,	kunde	gubben	och
How	long	that	now	handled (took)	for	could	the old man	and

gumman	inte	motstå	hans	böner,	utan	sade	att	han
the old lady	not	withstand	his	pleas	but	said	that	he

skulle	få	ta	hand	om	sig	själv	i	detta	som	i	annat.
should	have to	take hand for (take care for)			himself		in	this	as	in	other (things)

Pojken	tog	så	farväl	av	sina	föräldrar	och	gav	sig	ut
The boy	took	so	farewell	of	his	parents	and	gave (got)	himself	out

att	vandra.	När	han	nu	hade	gått	mycket	länge,	kom
to	roam	When	he	now	had	gone	very	long	came

han	slutligen	till	ett	högt	berg.	Där	gick	han	in	och
he	finally	to	a	high	mountain	There	went	he	in	and

begärde	tjänst,	och	det	fick	han.
requested	service (work , job)	and	that	got	he

Han	stannade	så	i	berget	över	vintern,	trots	att	han
He	stayed	so	in	the mountain	over	the winter	although		he

inte	alltid	hade	det	så	bra,	för	kärringen,	som	han
not	always	had	it	so	good	for	the old hag	who	he

tjänade,	var	ett	troll,	stygg	och	elak	på	allt	vis.
served	was	a	troll	surly	and	nasty	by	all	means

När nu året gått att han stått ut sin tid, gick han
When now the year passed that he stood his time went he
(served) out

inför sin matmoder och bad om att få lämna.
before his foodmother and asked for to may leave
(mistress)

Trollet jakade härtill och frågade vad för lön han ville
The troll agreed to this and asked what for pay he wanted
()

ha för sin tjänst. Pojken svarade, att hon fick ge,
have for his service The boy replied that she might give

som hon tyckte.
which she thought
(ever)

Kärringen återtog, "Då vill jag också ge dig, vad du
The old woman answered Then will I also give you what you

helst önskar. Här har du en rustning av järn, och
most desire Here have you an armor of iron and

den är så konstigt smidd, att inget vapen biter därpå.
it is so skillfully forged that no weapon bites through it

Jag ger dig även hundra mäns styrka så du lättare
I give you also hundred man's strength so you easier

kan röra dig i järnrustningen."
can move yourself in the iron armor

Ja,	härmed	var	pojken	väl	tillfreds.	Han	tog	så
Yes	herewith (with this)	was	the boy	well	pleased	He	took	so

järnrustningen	och	gav	sig	åter	att	vandra	och	tänkte
the iron dress	and	gave	himself	once more to		roaming	and	thought

att	han	nu	tröstade	kunde	slå sig fram	i	världen.
that	he	now	comfortably	could	hit himself forward (get on)	in	the world

Om	än	han	vandrade	långt	eller	kort,	finns	det	inte
If	yet (For än; Whether)	he	wandered	long	or	short	finds	there	not

så	mycket	att	berätta	om	hans	färd,	förrän	han	kom
so	much	to	tell	about	his	journey	for then (but that)	he	came

till	ett	annat	berg.
to	an	other	mountain

Där	bodde	trollets	syster,	och	hon	var	ännu	mycket
There	lived	the troll's	sister	and	she	was	still	much

värre	på	allt	sätt	än	hans	förra	matmoder.	Pojken
worse	on	all	side (s) (ways)	than	his	last	foodmother (mistress)	The boy

övervägde	det	inte,	utan	gick	in	och	bad	om	tjänst
considered	it	not	but	went	in	and	asked	for	work

och	blev	nu	där	över	vintern.
and	stayed	now	there	over	the winter

När så året gått och han stått ut sin tid, gick han
When so the year passed and he had stood out his time went he
(had served)

inför sin matmoder och bad om att få lämna.
before his foodmother and asked for to may leave
(mistress)

Härtill jakade kärringen och frågade vad lön han ville
Hereto agreed the hag and asked what pay he wanted
(To this)

ha för sin tjänst. Pojken svarade att hon fick ge
have for his service The boy replied that she might give

som hon tyckte.
as she pleased

Trollet sade:
The troll said

"Då vill jag också ge dig, vad du helst önskar. Här
Then will I also give you what you most desire Here

har du en rustning av silver, och den är så konstigt
have you an armor of silver and it is so artfully

smidd, att inget vapen biter på den."
forged that no weapons penetrate it

"Dessutom vill jag ge dig tvåhundra mäns styrka, att
Also will I give you two hundred man's strength so that

du lättare må kunna röra dig i silverrustningen."
you easier may can move yourself in the silver armor

Härmed var pojken väl tillfreds.
With this was the boy well pleased

Han tog så silverrustningen, skildes ifrån berget och
He took so the silver armor parted from the mountain and

gav sig vidare ut att vandra i världen.
gave himself further out that roaming in the world

Efter att han färdats genom skog och ödemarker, kom
After that he traveled through woods and wilderness came

han slutligen till ännu ett högt berg. Där bodde också
he finally to again a high mountain There lived also

en trollpacka och den var mycket, mycket argare än
a troll and that one was much much worse than

någon av de andra.
any of the others

Pojken blev dock inte rädd, utan gick in, fann
The boy became however not afraid but went in located

kärringen och begärde tjänst och blev väl mottagen.
the hag and requested work and was well received

Han stannade så i berget över vintern, och man kan
He stayed so in the mountain over the winter and one can

väl tänka, att han inte alltid hade det så bra, för
well think that he not always had it so good for

hans matmoder var det styggaste troll som någonsin
his owner was the meanest troll that ever

kunde
could

finnas.
exist

När så året gått, och han hade stått ut sin tid, gick
When so the year had passed and he had stood out his time went
(served out)

han inför bergkärringen och bad om att få lämna. Ja,
he before the mountain hag and asked for to may leave Yes

trollet samtyckte till hans begäran och frågade, vad han
the troll agreed to his wish and asked what he

ville ha i lön för sin tjänst. Pojken svarade, att hon
wanted to have in pay for his service The boy answered that she

kunde ge, som hon tyckte.
could gives as she pleased

Kärringen sade:
The woman answered

"Om så är, skall du icke bli sämre lönad hos mig
If so (it) is will you not become poorer rewarded by me

än hos mina systrar."
than by my sisters

Därmed gav hon honom en hund, som var både stor
Therewith gave she him a dog that was both big
(With that)

och stark och hade många förträffliga egenskaper, en
and strong and had many excellent properties an

rustning av guld, som inget vapen kunde bita på, och
armament of gold which no weapon could penetrate and

slutligen trehundra mäns styrka, så att han lättare skulle
finally three hundred man's strength so that he easier would

kunna röra sig i guldrustningen. Pojken tackade för
be able to move himself in the gold armor The boy thanked for

hennes gåva, såsom skäligt var, därefter tog han sina
her present as decent was thereafter took he his
(then)

vapen, lockade sin hund och gav sig gladeligen i väg.
weapons called his dog and gave himself happily in road
(got) (on)

Det är så inte vidare berättat om hans resa, förrän
It is so not further told about his travels before

han slutligen kom till en stor, stor kungsgård.
he finally came to a big big king's court

Då gömde han sin hund och sina vapen i skogen,
Then hid he his dog and his weapons in the forest

gick fram till gården och begärde tjänst som kolpojke,
went forward to the court and requested service as coal boy

och det fick han.
and that got he

Medan nu pojken går och trälar och bär kol i
While now the boy goes and slaves and carries coal in

stegerhuset, vill vi se hur det står till på kungsgården.
the oven house will we see how it stands to on the king's court
(is)

Där regerade en konung, som hade tre unga döttrar
There ruled a king who had three young daughters

och dem så fagra, att vackrare aldrig kunde finnas i
and them so fair that finer never could be found in

världen.
the world

Men	det	var	liten	fröjd	med	det,	ty	det	var	spått
But	there	was	little	happiness	with	it	there	it	was	decided

om	prinsessorna,	att	när	det	blivit	femton	vintrar	gamla,
of	the princesses	that	when	it	was	fifteen	winters	old

skulle	de	bli	tagna	av	trollen.
would	they	become	taken	by	trolls

Därför	bar	konungen,	deras	fader,	en	stor	sorg,	och
Therefor	bore (carried)	the king	their	father	a	big	sorrow (worry)	and

allt	som	tiden	gick,	och	den	äldsta	prinsessan	skulle
all	as	the time	went	and	the	oldest	the princess (princess)	should

fylla	sitt	femtonde	år,	ökades	hans	bedrövelse,	så	han
fulfil	her	fifteenth	year	was increased	his	sadness	there	he

inte	visste	vad	han	skulle	ta	sig	till.	Han	lät	så
not	knew	what [what he should	he	should do	take	himself	to]	He	let	so

utgå	ett	påbud	över	hela	riket,	att	om	där	var	någon
go out	a	decree	over	(the) whole (country)	the country	that	if	there	was	some

kämpe	och	man,	som	kunde	rädda	prinsessan,	skulle
fighter	and	one	who	could	save	the princess	would

han	få	äga	henne	och	halva	kungadömet.
he	may	get	her	and	half	the kingdom

Men så många som fanns, var ändå ingen som
But so many as existed were however no-one who

klarade en strid med trollen för att vinna henne.
managed a fight with the troll for to win her

När dagen äntligen kom, ledsagades prinsessan ut till
When the day finally came was escorted the princess out to

sjöstranden med stor prakt och annan hedersbevisning,
the sea beach with big splendour and other homage

som det kunde ges en konungadotter.
as that could give oneselfa king's daughter
(be given to)

Där satte hon sig ned på sanden, och det var en
There set she herself down on the sand and there was a

stor sorg när hon skulle skiljas ifrån sin fader och
big sorrow when she would part from her father and

sin vänner, ty där fanns ingen som tänkte att de
her friends while there was no-one who thought that they

någonsin mer skulle återse varandra.
ever more would see again each other

95 De tre trollpackorna

Sedan vände konungen och allt hans folk tillbaka till
Then turned the king and all his folk back to

kungsgården, och där var nu en sorg och ett jämmer
the king's court and there was now a sorrow and a lamentation
(worry) (crying)

utan like. Men konungen själv var så bedrövad, att
without equal But the king himself was so sad that

han varken åt eller drack eller ville ta emot någon
he neither ate or drank or wanted to receive any

tröst.
comfort

Medan nu allt detta pågick, gick kolpojken inför sin
While now all this occurred went the coal boy before his

mästare och bad om tillstånd att gå ut och se sig
master and asked for permission to go out and see himself

om, och det fick han lov till. Han sprang bort till
about and that got he leave to He ran away to

skogen, där han hade gömt sina vapen, klädde sig i
the forest there he had hidden his weapons dressed himself in
(where)

stålrustningen, band sin svärd vid sida, lockade sin
the steel armor tied his sword to (his) side called his

hund och började vandra framåt stranden.
dog and began to wander ahead to the beach

När han nu kom dit prinsessan satt, fick han plötsligt
When he now came where the princess sat got he suddenly

se ett stort järnskepp ute på sjön, och när det
to see a big iron ship out on the sea and when it

närmade sig mot land, kände han igen just samma
neared itself towards land knew he again exactly same
(igenkände; recognized)

trollpacka, hos vilken han tjänat det första året.
troll with which he served the first the year
(year)

Då tänkte han för sig själv:
Then thought he by himself

"Hå, hå, är det du? Då lär det väl bli en lustig
Ha ha is that you Then learn that well become a funny
(shall)

lek, innan vi skiljas åt."
game before we part again

I samma stund hade trollpackan fått syn på honom
In that moment had the troll gotten sight on him
(of)

och ville att han skulle dra hennes skepp i land.
and called that he should draw her ship on land

Ja,	pojken	gjorde	som	hon	bad,	fattade	i	framstammen
Yes	the boy	did	as	she	asked	took	in	the bowsprit
								()

och	ryckte	till,	så	att	skeppet	for	högt	upp	på	sanden.
and	pulled		so	that	the ship	fared	high	up on		the sand
						(moved)				

Trollet	steg	så	ur	och	hade	en	stor	hund	med	sig.
The troll	climbed	so	out	and	had	a	big	dog	with	her

Då	pojkens	hund	och	trollhunden	fick	syn	på	varandra,
When	the boy's	dog	and	the troll dog	got	sights	of	each other
					(caught)			

rök	de	genast	ihop	och	började	slåss.
leapt	they	directly	on top	and	began	fight
			(of eachother)			

"Se,	våra	hundar	slåss,"	sade	trollet.
See	our	dogs	fight	said	the troll

"Ja,	låt	dem	göra	det!"	svarade	pojken.
Yes	let	them	do	that	replied	the boy

"Min	hund	biter	ihjäl	din,"	fortsatte	trollpackan.
My	dog	bites	to death	yours	continued	the troll

"Åh, inte ännu," svarade pojken, och därmed bet hans
Oh not quite replied the boy and therewith bit his
(then)

hund ihjäl trollhunden. När kärringen såg detta blev
dog to death the troll dog When the hag saw that became

hon så vred, att hon fattade i pojken och kastade
she so mad that she took in the boy and threw

honom många alnar upp i luften. Men han blev inte
him many ells up in the air but he became not

rädd för det, utan drog sitt svärd och ropade:
afraid of that but drew his sword and called

"Friskt upp och lätt ned.
Strengthen up and let down

Kung Älver hjälpe mig!"
King Elf help me

och högg i detsamma huvudet av henne.
and chopped in that moment the head off her

Därefter skar han av trollets tunga, gömde den hos
Thereafter cut he off the troll's tongue hid it with
(After that) (on)

sig och gick sin väg, men konungadottern bad honom
himself and went his way but the king's daughter asked him
(although)

dröja kvar.
to stay behind

Trots att prinsessan hade sett allting, som hänt, kunde
Although the princess had seen everything that happened could

hon icke känna igen kolpojken, som räddat henne.
she not recognize again the coal boy who saved her

Det gick så en lång tid, och när året var förbi, att
That went so a long time and when the year was passed that
(There) (then) (had)

den andra prinsessan fyllde sina femton vintrar, skulle
the other the princess fulfilled her fifteen winters should
(princess)

även hon föras ut till havsstranden liksom hennes
also she be led out to the seabeach just as her
(beach)

syster. Där blev så åter en sorg över hela
sister There became so again a sorrow over the whole
(worry)

kungsgården, och när dagen var inne, ledsagades
the king's court and when the day was in was escorted
(king's court)

konungadottern till stranden med guldkrona på huvudet
the king's daughter to the beach with (a) gold crown on the head

och stor hedersbevisning.
and big homage

Men ingen vågade försöka rädda henne utom endast
But no-one dared try save her except only

kökspojken. Han gick åter in för sin mästare och
the kitchen boy He went once more in for his master and

bad om tillåtelse att få gå ut på en stund, och det
asked for permission to may go out for a while and that

fick han. Sedan skyndade han bort till skogen, klädde
got he Then hurried he away to the forest dressed

sig i den präktige silverskruden, band svärd vid sin
himself in the splendid the silver armor tied (the) sword at his
(silver armor)

sida, lockade sin hund och vandrade ned mot
side called his dog and walked down to

havsstranden, där konungadottern satt och grät och
the beach where the king's daughter sat and cried and

väntade, att trollet skulle ta henne.
waited that the troll would take her

När pojken nu kom fram dit prinsessan satt, fick han
As the boy now came forward there the princess sat got he
(where)

se ett stort silverskepp komma farandes ute på havet.
to see a big silver ship come sailing up on the sea

Och när det närmade sig stranden, kände han igen
And when it approached itself the beach knew he again
()

samma trollkärring, hos vilken han tjänat det andra
(the) same trollhag with which he served the other

året. Då tänkte han för sig själv:
the year Then thought he by himself
(year)

"Hå, hå, är det du? Då lär det väl bli en blodig
Ha ha is that you Then learns this well become a bloody
(will)

lek, innan vi skiljas åt."
fun before we part again

I samma stund hade trollpackan fått syn på honom
In same moment had the troll gotten sight at him

och ropade, att han skulle dra hennes skepp i land.
and called that he should pull her ship on land

Ja, pojken gjorde som hon bad, fattade i framstammen
Yes the boy did as she asked took in the bowsprit

och ryckte till, så att skeppet flög högt upp, och
and pulled to so that the ship flew high up and

sanden yrde runt omkring.
the sand flew around about

Trollet   steg   ur   och   hade   en   stor   hund   med   sig.   När
The troll climbed   out   and   had   a   big   dog   with   herself When

nu   pojkens   hund   och
now   the boy's dog   and

trollhunden   fick   syn   på   varandra,   rök   de   genast   ihop
the troll dog caught sight on   each other   leapt   they   directly   together
               (set) sight

och   började   slåss
and   began   fight

av   alla   krafter.
with   all   might

"Se,   våra   hundar   slåss,"   sade   trollet.
See   our   dogs   fight   said   the troll

"Ja,   låt   dem   det   göra!"   svarade   pojken.
Yes   let   them   that   do   replied   the boy

"Min   hund   biter   ihjäl   din,"   fortsatte   trollpackan.
My   dog   bites   to death   yours   continued   the troll

"Åh,   inte   ännu,"   sade   pojken,   och   därmed   bet   hans
Oh   not   yet   replied   the boy   and   thereby   bit   his

hund   ihjäl   trollhunden.
dog   to death   the troll dog

103   De tre trollpackorna

När	kärringen	fick	se	detta	blev	hon	så	vred,	att
When	the hag	got	to see	this	became	she	so	angry	that

hon	gick	framåt,	fattade	i	pojken	och	kastade	honom
she	went	ahead	took	in	the boy	and	threw	him

många	famnar	upp	i	luften.
many	arms	up	in	the air
	(measuring unit)			

Men	han	märkte	inte	så	mycket	av	det,	utan	drog
But	he	noticed	not	so	much	of	that	but	drew

sitt	svärd	och	ropade:
his	sword	and	called

"Friskt	upp	och	lätt	ned.
Strengthen	up	and	let	down

Kung	Älver	hjälpe	mig!"
king	Elf	help	me

och	högg	i	detsamma	huvudet	av	henne.
and	chopped	in	that same moment	the head	of	her

Sedan	skar	han	av	trollets	tunga	och	sa	att	han	nu
After	cut	he	off	the troll's	tongue	and	said	that	he	now

skulle	ge	sig	av.
should	give	himself	away
	(go)	()	

Men trots vad prinsessan tackade och bad honom
But whatever the princess thanked and prayed him
(begged)

dröja, ville han ändå inte stanna kvar, och aldrig så
to stay wanted he however not stay back and never so

slog tanken henne eller någon annan, att det var den
hit the thought her or some other that it was the

fattige kolpojken, som räddat henne.
poor the coal boy who saved her
(coal boy)

Ännu ett år gick, och konungens yngsta dotter skulle
Again a year went and the king's youngest daughter should

ges i trollens våld. Då gick allt på samma sätt.
be given to the troll's power Then went all on same set

Prinsessan ledsagades ur sin faders gård, med präktiga
The princess was led from her father's court with wonderful

kläder och stor hedersbevisning. Men där var ingen,
clothing and great honour But there was no-one

som vågade frälsa henne, trots att konungen lovat både
who dared to save her although the king promised both

land och rike.
land and kingdom

Hon blev så förd till havsstranden, och där satte hon
She was so brought to the seabeach and there sat she
(beach)

sig med guldkrona på huvudet och blek kind. Men
herself with gold crown on the head and pale cheek But
(face)

konungen och hela hans hov vände med stor sorg
the king and all his court turned with great sorrow

tillbaka igen.
back again

Medan nu allt detta pågick, gick kolpojken inför sin
While now all this went on went the coal boy before his

mästare och bad om tillåtelse att ännu en gång gå
master and asked for permission to again one time go

ut och se sig om. Ja, köksmästaren lovade honom
out and see himself about Yes the kitchen master allowed him

att gå. Genast skyndade han bort till skogen, klädde
to go Immediately hurried he away to the forest dressed

sig i den präktiga guldskruden, band sin svärd vid
himself in the splendid the gold armor tied his sword to
(gold armor)

sida, lockade sin hund och vandrade hastigt nedåt
side called his dog and walked rapidly down to

sjöstranden.
the seabeach
(beach)

När han nu kom till konungadottern, där hon satt och
When he now came to the king's daughter there she sat and
(where)

grät, fylldes han av stor sorg då han fick se hennes
cried was filled he of great sorrow when he got to see her

ungdom och fägring, så han gick fram och talade
youth and beauty so he went forward and spoke

henne till och tröstade henne, så gott han kunde.
her to and comforted her so good he could

Rätt i detsamma fick han se ett stort guldskepp
Right in that same moment could he see a big gold ship

komma farandes ute på sjön.
come sailing up on the sea

Han kände igen att på skeppet var den elaka
He recognized that on the ship was the mean

trollpackan, hos vilken han haft tjänst den tredje vintern.
the troll with which he had served the third the winter
(troll) (winter)

Då tänkte han för sig själv:
Then thought he by himself

"Hå, hå, är det du? Då lär det väl bli en hård
Ha ha is that you Then learns that well become a hard

lek, innan vi skiljas åt, och jag får se om konung
game before we part again and I get to see whether king

Älver vill hjälpa mig, som han lovat.
Elf will help me as he promised

Därmed gick han fram till stranden. I samma stund
Therewith went he forward to the beach In (that) same moment
(With that)

fick trollet syn på honom och
got the troll sight on him and
(of)

ropade såsom hennes systrar:
called just like her sisters

"Pojke, dra mitt skepp i land! "
Boy drag my ship in land
(on)

Ja, pojken fattade i framstammen och drog, så att
Yes the boy took in the bow sprit and drew so that

sanden yrde och elden flög om skeppskölen. Trollet
the sand sprayed and the fire flew around the ship's keel the troll

steg så ur och hade en mycket stor hund med sig.
climbed so out and had a very big dog with him

När	nu	pojkens	hund	och	trollhunden	fick	syn	på
As	now	the boy's	dog	and	the troll's dog	caught	sights	of

varandra,	rusade	de	ihop	och	började	ett	argt	slagsmål.
each other	rushed	they	together	and	began	an	enraged	battle

"Se,	våra	hundar	slåss,"	sade	trollet.
See	our	dogs	fight	said	the troll

"Ja,	låt	dem	det	göra!"	svarade	pojken.
Yes	let	them	that	do	replied	the boy

"Min	hund	biter	ihjäl	din,"	fortsatte	trollpackan.
My	dog	bites	to death	yours	continued	the troll

"Åh,	inte	ännu,"	svarade	pojken.
Oh	not	now	replied	the boy

Och	med	detsamma	hade	hans	hund	bitit	ihjäl
And	with	that	had	his	dog	bitten	to death

trollhunden.
the troll dog

Då   blev   kärringen   så   vred,   att   hon   gick   fram,   fattade
Then   was   the witch   so   mad   that   she   went   forward   took

i   pojken   och   kastade   honom   högt   upp   i   himmelskyn.
in   the boy   and   threw   him   high   up   in   the sky
(up)

Men   pojken   bleknade   inte   för   det,   utan   drog   sitt   svärd
But   the boy   did pale   not   for   that   however   drew   his   sword
                                         (because of)

och   ropade:
and   called

"Friskt   upp   och   lätt   ned.
Fresh   up   and   let   down

Kung   Älver   hjälpe   mig!"
King   Elf   help   me

och   högg   i   detsamma   huvudet   av   henne.
and   chopped off   in   that same moment   the head   of   her

När   prinsessan   såg   detta,   blev   hon   så   hjärteligen   glad,
When   the princess   saw   this   became   she   so   heartily   glad

så   hon   kastade   sig   i   hans   famn,   tackade   honom,   att
so   she   threw   herself   in   his   arms   thanked   him   that

han   räddat   henne   och   bad   att   han   skulle   följa   med
he   saved   her   and   asked   that   he   would   follow   with

till   kungsgården   och   få   lön   för   sitt   stora   dåd.
to   the king's court   and   get   pay   for   his   great   deed
                                             (receive)

Men   pojken   lyssnade   icke   till   hennes   böner,   utan
But   the boy   listened   not   to   her   prayers   but

skar   av   trollets   tunga,   lockade   sin   hund   och   vände
cut off   the troll's   tongue   called   his   dog   and   turned

därefter   åter   till   skogen,   så   att   prinsessan   visste   lika
immediately   back   to   the forest   so   that   the princess   knew   equally

litet   som   någon   annan,   vem   det   var,   som   räddat   henne.
little   as   any   other   who   that   were   that   saved   her

När   nu   konungen   fick   veta,   hur   allt   hade   gått   till,   kan
When   now   the king   got   to know   how   all   had   went   can

man   väl   tänka   vad   där   blev   för   en   fröjd   i
one   well   understand   what   there   was   for   a   happiness   in

kungsgården   och   över   hela   riket.
the king's court   and   over   the whole   the country
                                        (country)

Då   felade   ingenting   i   deras   glädje   utom   endast   att   de
There   failed   none   in   their   gladness   except   just   that   they

ville   veta   vem   som   hade   räddat   prinsessorna.
wanted   to know   who   that   had   saved   the princesses

De tre trollpackorna

Men	trots	att	konungen	sände	bud	åt	alla	håll	för	att
But	although		the king	sent		messengers to	all	holds (halls)	for	to

fråga	och	leta,	var	det	ingen	som	visste	något	om
inquire	and	examine	was	there	no-one	who	knew	something	about

den	främmande	kämpen.
the	unknown	the fighter (fighter)

När	så	inget	annat	fanns	att	göra,	lät	konungen	lysa
When	so	nothing	other	was found	to	do	let	the king	organise

ett	stort	ting	och	befallde,	att	var	mans	barn	i	hela
a	big	council	and	ordered	that	each	man's	children	in	(the) whole

riket	skulle	komma	fram	till	kungsgården.
the country (country)	should	come	forward	to	the king's court

Ja,	då	var	där	ingen,	som	inte	gärna	kunde	komma
Yes	then	were	there	no-one	who	not	gladly	could	come

undan	från	konungens	befallning.
away	from	the king's	order

När   nu   alla   var   samlade   och   tinget   var   lyst,   lät
When   now   all   were   gathered   and   the council   was   called   let
                                                                      (made known)

konungen   högt   utropa   och   fråga   om   där   icke   var
the king   loudly   call out   and   asked   whether   there   not   was

någon,   som   kunde   uppvisa   de   tre   trolltungorna,   men
anyone   who   could   show   the   three   the trolltongues   but
                                              (trolltongues)

ingen   svarade.
no-one   answered

Konungen   lät   så   utropa   för   andra   gången,   men   ännu
The king   let   so   call out   for   another   the time   but   still
                                              (time)

intet   svar.   Slutligen   lät   han   utropa   för   tredje   gången.
none   replied   Finally   let   he   call out   for   (a) third   the time
                                                              (time)

Då   trädde   pojken   blygsamt   fram   i   ringen   och   stod
Then   stepped   the boy   modestly   forward   in   the circle   and   stood

inför   konungen.   Men   när   folket   såg,   att   det   icke   var
before   the king   But   when   the people   saw   that   it   not   was

någon   annan   än   kolpojken,   var   där   en   stor   klagan   i
any   other   than   the coal boy   was   there   a   big   commotion   in
                                                                      (over)

hela   församlingen,   och   ansåg   att   detta   var   något   som
(the) whole   the gathering   and   expectation   that   this   was   something   that
              (gathering)

borde   straffas.
should   be punished

Pojken   brydde   sig   likväl   inte   om   det,   utan   tog   fram
The boy   cared   himself   however   not   about   this   but   took   forward

de   tre   tungorna,   och   nu   kunde   alla   se,   att   detta
the   three   the tongues   and   now   could   all   see   that   these
(tongues)

verkligen   var   trollets   tungor.   Därefter   kastade   han   av
actually   were   the troll's   tongues   Then   threw   he   from

sig   sina   gamla   trasiga   kläder   och   stod   där   nu   klädd
himself   his   old   torn   clothing   and   stood   there   now   dressed

i   guld   ifrån   topp   till   tå.
in   gold   from   tip   to   toe

Då   flög   där   ett   sorl   över   hela   tinget,   och   nu   tyckte
Then   flew   there   a   murmur   over   the whole   the meeting   and   now   seemed to
(meeting)

alla   att   de   aldrig   hade   sett   en   modigare   yngling.   Men
all   that   they   never   had   seen   a   bolder   young man   But

konungadöttrarna   sprang   mot   pojken   och   slängde   sig   i
the king's daughters   sprang   to   the boy   and   threw   themselves in

hans   famn   och   kysste   honom   och   tackade   honom,   att
his   arms   and   kissed   him   and   thanked   him   that

han   räddat   dem,   och   konungen   tackade   med   och   allt
he   saved   them   and   the king   thanked   also   and   all

folket   också.
the people   also

Sedan	dukades	det	till	bröllop,	och	konungen	gav
Then	was set out	it	(to)	the wedding	and	the king	gave

pojken	sin	yngsta	dotter	och	med	henne	halva	riket.
the boy	his	youngest	daughter	and	with	her	half	the kingdom

Och	så	var	det	slut.
And	so	was	that	end
		(did)		

115　De tre trollpackorna

Den   ledsna   drottningen
The   sad   the queen
(queen)

Det   var   en   gång   ett   fattigt   torparpar,   som   levde   länge
It   was   a   time   a   poor   crofter's couple   who   lived   long
(There)   (one)

utan   barn.   Äntligen   blev   hustrun   havande   och   född   en
without   children   Finally   became   the wife   pregnant   and   gave birth to   a

gosse,   som   de   båda   innerligen   gladdes   över.   De
boy   which   they   both   profoundly   became glad   over   They
(rejoiced)

kallade   honom   Trogen.   Och   vid   barnets   dop   kom   en
called   him   True   And   at   the child's   baptism   came   an
(named)

älva   in   i   stugan   och   satte   sig   vid   barnets   vagga   och
elf   in   in   the cottage   and   set   herself   at   the child's   cradle   and

sade   mycket   gott   om   honom.
said   a lot of   good   about   him
(told)

Hon   sa:
She   said

"När   han   fyllt   femton   vintrar,   skall   han   få   en   häst   av
When   he   fulfills   fifteen   winters   will   he   receive   a   horse   from

mig,   som   både   kan   tala   och   som   har   många   goda
me   which   both   can   speak   and   which   has   many   good

egenskaper."
properties

Med	dessa	ord	vände	sig	älvan	om	och	gick	sin	väg.
With	these	words	turned	herself	the elf	around	and	went	her	way

Gossen	växte	upp	och	blev	stor	och	stark.	Och	när
The boy	grew	up	and	became	big	and	strong	And	when

hans	femtonde	år	var	gånget,	kom	en	främmande
his	fifteenth	year	was	gone	came	an	unknown
				(had)			

gubbe	vandrandes	till	stugan	och	knackade	på	och	sa
old man	walking	up to	the cottage	and	knocked	on	and	announced

att	den	hästen,	som	han	hade	med	sig,	var	ifrån
that	the	horse	which	he	had	with	himself	was	from

hans	drottning	men	skulle	nu	tillhöra	Trogen,	som	hon
his	queen	but	would	now	belong to	True	as	she

hade	lovat.
had	promised

Därefter	gick	gubben	ifrån	dem,	medan	den	sköna
Then	went	the old man	(away) from	them	while	the	beautiful

hästen	beundrade	de	alla.	Den	blev	dag	efter	dag
the horse	admired	they	all	It	became	day	after	day
(horse)								

Trogen	allt	mera	kär.
True	all	more	dear
	(the)		

Nu likväl, ledsnade han på hemmet.
Now however languished he at the home
(home)

"Ut vill jag och söka min lycka i världen," sade han,
Out want I and seek my luck in the world said he
(fortune)

och föräldrarna hade inget att invända, ty hemma fanns
and the parents had nothing to object there at home was

det inte mycket att bjuda på.
there not a lot of to entertain with

Då tog han sin kära häst ifrån stallet, svängde sig
Then took he his beloved horse from the stable swung himself

däruppå och begav sig hurtigt in i skogen.
there up and proceeded himself cheerfully in in the forest
(on)   (to)

Vägen fram red han och hade redan avverkat ett
The road forward rode he and had already covered a

långt stycke, då han fick se två unga ulvar i strid
long piece then he got to see two young wolves in (a) fight
(when)

med ett troll. Han blev rädd att han skulle övermanna
with a troll. He was afraid that he would overwhelm

dem.
them

"Skynda dig med bågen," sade hästen då, "skjut ihjäl
Hurry yourself with the bow said the horse then shoot to death

trollet, och fräls de två ulvarna!"
the troll and save the two wolves

"Jag skall så göra," svarade gossen.
I shall so do replied the boy

Han satte pilen på strängen, och i ett ögonblick låg
He set the arrow on the string and in an instant laid

trollet utsträckt död på marken.
the troll stretched out dead on the ground

Men de två ulvarna kom närmare, medan de milt och
But the two wolves came closer while they mild and

tacksamt betraktande sin befriare. Sedan ilade de
grateful considered their saviour Then rushed they

tillbaka igen till sin kula.
back again to their den

121 Den ledsna drottningen

Ännu	en	stund	fortsatte	Trogen	att	rida	emellan	de
Another	(a)	while	continued	True	to ride		between	the

tjocka	träden,	tills	plötsligt	han	såg	två	vita	duvor,
thick	the trees	until	suddenly	he	saw	two	white	doves
	(trees)							

vilka	flög	förskräckta	ifrån	en	hök,	som	höll på	att
which	flew	frightened	by	a	hawk	who	was about	to

hinna	ifatt	dem.
hold fast		them
(catch)		

"Skynda	dig	med	bågen,"	sade	hästen,	"skjut	ihjäl
Haste	you	with	the bow	said	the horse	shoot	to death

höken	och	rädda	de	två	duvorna!"
the hawk	and	save	the	two	the doves
					(doves)

"Jag	skall	så	göra,"	svarade	gossen.
I	will	so	do	replied	the boy

Han	satte	pilen	på	strängen,	och	i	ett	ögonblick	låg
He	set	the arrow	on	the string	and	in	an	instant	laid

höken	utsträckt	död	på	marken.
the hawk	stretched out	dead	on	the ground

Men   de   två   duvorna   flög   närmare,   medan   de   flaxade
But   the   two   the doves flew   closer   while   they fluttered
                   (doves)

milt   och   tacksamt   omkring   sin   befriare.   Sedan   ilade   de
mild   and   grateful   around   their   liberator   Then   rushed   they

tillbaka   igen   till   deras   lilla   bo.
back   again   to   their   little   nests

Åter   igen   fortsatte   gossen   sina   vandringar   igenom
Again   continued   the boy   his   wanderings   through

skogen,   och   han   kom   långt   långt   bort   ifrån   sin   faders
the forest   and   he   came   long   long   away   from   his   father's
                           (went) (far)   (far)

gård.
farm

Men   hästen   var   icke   så   lätt   uttröttad   och   sprang   med
But   the horse   was   not   so   easy   tired out   and   leapt   with

honom   framåt,   tills   de   hade   kommit   fram   till   en   stor
him   ahead   until   they   had   reached   a   large

sjö.   Där   fick   han   se,   hur   en   fiskmås   reste   sig   ifrån
sea   There   got   he   to see   how   a   gull   raised   itself   from

vattnet   och   höll   en   gädda   i   sina   klor.
the water   and   held   a   pike   in   his   claws

"Skynda dig med bågen," sade hästen då åter, "skjut
Hurry you with the bow said the horse then once more shoot

ihjäl fiskmåsen och rädda gäddans liv!"
to death the gull and save the pike's life

"Jag skall så göra," svarade gossen, satte pilen på
I will so do replied the boy set the arrow on

strängen, och i ett ögonblick låg fiskmåsen flaxande
the string and in an instant laid the gull fluttering

dödskjuten på vattnet. Men den räddade gäddan kom
dead-shot on the water But the saved the pike came
(shot dead) (pike)

närmare, medan han tittade tacksamt på sin befriare.
closer while he looked grateful to his liberator

Sedan dök han ned igen i sjön. Nu red Trogen
After that dove he down again in the sea Now rode True

alltjämt framåt, och innan kvällen kom hade han
all-forever ahead and before the evening came had he
(constantly)

hunnit fram till ett stort slott. Genast anmälde han sig
arrived at a big castle Immediately announced he himself

till kungen och begärde att antas i hans tjänst.
to the king and requested that be taken on in his service

"Vad för tjänst vill du ha?" frågade konungen, rätt
What kind of service want you to have asked the king rightly

nöjd med den raska ryttaren.
pleased with the bold horseman

"Stalldräng vill jag gärna vara," svarade Trogen "Stallrum
Stableboy would I gladly be replied True Stable room

och foder för min häst vill jag framför allt få som
and fodder for my horse would I before all receive as

betalning."
payment

"Det skall du få," svarade kungen, och gossen blev
That shall you get answered the king and the boy became

antagen som stalldräng och tjänade där länge och väl.
taken in as stablehand and served there long and well

Han blev omtyckt av hela slottet och i synnerhet
He became popular with the whole castle and in sensibility

prisades han utav konungen själv.
was praised he of the king himself

125 Den ledsna drottningen

Men bland de andra tjänarna var en, som hette
But between the other servants was one who was called

Otrogen, och denna blev Trogens avundsman och sökte
Untrue and this became True's enemy and tried

visa honom allt ont.
to do him all evil
(that was)

"Ty," tänkte han:
Thus thought he

"På så sätt blir jag kvitt honom och slipper få se
In this way become I rid of him and get away from getting to see
(get)

honom stiga i min herres ögon."
him ascend in my lord's eyes
(favour)

Nu så hade hänt, att konungen var mycket svårmodig,
Now so had happened that the king was very gloomy

därför att han förlorat sin drottning, som ett troll rövat
because of that he missed his queen that a troll had robbed

bort ifrån slottet.
away from the castle

Drottningen hade även hon svårt för konungen och hon
The queen   had   however she grievance for the king   and she
                                (herself)

kunde icke älska honom.
could not   love   him

Men konungen längtade efter att få henne tillbaka och
But the king longed   after to   get her   back   and

pratade ofta om det med Otrogen sin tjänare. Då sade
spoke   often over that with Untrue   his servant   Then said

Otrogen en dag:
Untrue   one day

"Min herre behöver ej sörja mer, ty Trogen har
My   lord   need   not worry more there True   has

berättat för mig, att han kan rädda den sköna
said   for me   that he   can save   the beautiful
          (to)

drottningen ifrån trollets makt."
the queen   from   the troll's power
(queen)

"Har han det?" svarade kungen. "Då skall han också
Has   he   that   replied the king Then shall he   also

hålla det."
hold   that
(must do)

Genast	befallde	han	att	Trogen	skulle	stå	framför
Immediately	commanded	he	that	True	should	stand	before

honom,	och	hotade	honom	med	döden,	om	icke	han
him	and	threatened	him	with	the death (death)	if	not	he

snabbt	vågade	sig	till	berget	och	skaffade	tillbaka	hans
speedily	dared	himself	to	the mountain	and	brought back		his

bortrövade	hustru.	Lyckades	han	däremot,	skulle	han
robbed away	consort	Succeeded	he	on the other hand	would	he

belönas	med	stora	vinster.
be awarded	with	big	honours

Förgäves	nekade	Trogen	till	Otrogens	påståenden.
In vain	denied	True	to	Untrue's	assertions

Konungen	var	envis,	och	gossen	drog	sig	tillbaka,
The king	was	stubborn	and	the boy	drew	himself	back

övertygad	om,	att	han	icke	hade	länge	att	leva.	Då
certain	of	that	he	not	had	long	to	live	Then

gick	han	in	i	stallet	för	att	ta	avsked	av	sin	vackra
went	he	in	to	the stable	for	to	take (say) goodbye		to	his	beautiful

häst	och	stod	där	bredvid	honom	och	grät.
horse	and	stood	there	beside	him	and	cried

"Vad är   det   nu,   som   grämer   dig   så   illa?"   frågade
What is   that now   what   bothers you   so   bad   *asked*

hästen.
the horse

Då   berättade   gossen   för   honom   allt   som   hade   hänt,
Then told   the boy   to   him   all   what   had   happened

och   sade   att   han   nu   såg   honom   säkert   för   sista
and   said   that he   now   saw   him   surely   for   (the) last

gången.
the time
(time)

"Är   det   intet   farligare   än   så,"   svarade   hästen,   "då   kan
Is   it   no   more dangerous than   such   answered   the horse then   can
                                             (this)

saken   nog   hjälpas.   På   vinden   på   slottet   ligger   en
the thing   still be helped On   attic   of   the castle   lies   an

gammal   fiol.   Ta   den   att   spela   på,   när   du   kommer   till
old   violin   Take   that   to   play   on   when   you   come   to

drottningen!"
the queen

"Och   smid   dig   dessutom   en   rustning   av   ståltråd   med
And   forge   yourself   moreover   an   armament   of   steel thread   with

knivar   överallt   isatta."
knives   everywhere   on it

"Så att, när du ser trollet gapa måste du krypa ner
So that when you see the troll yawn must you crawl down

i strupen på honom och dräpa honom. Men orädd
in the throat of him and slash him But brave

måste du vara, och lita på mig att visa dig vägen!"
must you be and lean on me to show you the road
            (trust)

"Skaffa dig fartyg ifrån konungen, och sätt utav ju förr
Get yourself coach from the king and set off how earlier
                                              (the)

desto bättre!"
the better

Dessa ord gav nytt mod åt gossen. Han vände sig
These words gave renewed courage to the boy He turned himself

till konungen och fick ett fartyg, smidde sig i
to the king and got a coach forged himself in

hemlighet en ståltrådsrustning, skaffade sig den gamla
secret a steel thread armor got himself the old

fiolen ifrån vinden på slottet och begav sig utan
the violin from the attic of the castle and gave himself without
(violin)   (set)

dröjsmål på färden till trollets berg.
delay on the journey to the troll's mountain

Snart fick han det i sikte, lät fartyget stanna vid
Quickly got he that in sight let the coach stay behind at

bergets fot, steg till häst och skyndade till där trollet
the mountain's foot ascended to horse and hurried to there the troll
(where)

hade sin boning.
had his abode

Men som han kom närmare, fick han se trollet, som
But as he came closer to got he to see the troll who

hade krupit ur sitt slott och låg utsträckt vid ingången
had crawled from his abode and laid stretched out with the entrance
(at)

till hålan och sov och snarkade så starkt, att hela
to the cave and slept and snored so loud that the whole

berget darrade. Men munnen var vidöppen, och så stor
the mountain shook But the mouth was wide open and so big
(mountain)

var gapet, att gossen kunde lätteligen krypa därnere.
was the gape that the boy could easily crawl down there

Detta gjorde han även, ty han räddes icke, och kom
This did he also there he feared not and came

så ned uti trollets mage, där han så väsnades och
so down out in the troll's stomach there he so moved himself and
(where)

hoppade, att inom kort var trollet död.
hopped that within short while was the troll dead

Då   kröp   Trogen   upp   igen,   lade   ifrån   sig   sin   blodiga
Then   crawled True   up   again   placed   from   himself his   bloody

tröja,   och   gick   in   i   trollets   slott.
sweater   and   went   in   to   the troll's castle

Där   i   den   stora   guldsalen   såg   han   den   bortrövade
There   in   the   big   the gold hall   saw   he   the   away-robbed
                            (gold hall)   (kidnapped)

drottningen   sittandes   fängslad   med   sju   starka   guldkedjor.
the queen   sitting   imprisoned with   seven   strong   gold chains
(queen)

De   tunga   kedjorna   kunde   han   icke   lösa,   men   då   tog
The   heavy   the chains   could   he   not   loose   but   then   took
                (chains)

han   fram   sin   fiol,   spelade   därpå   och   gjorde   en   så
he   forward   his   violin   played   on it   and   made   a   so

ljuvlig   musik,   att   själva   guldkedjorna   rördes   därav,   och
lovely   music   that   (them)selves   the gold chains   were touched by it   and
                                         (gold chains)

en   efter   den   andra   föll   de   alla   ifrån   drottningen,   och
one   after   the   other   fell   they   all   from   the queen   and

hon   stod   upp   fullkomligen   fri.
she   stood   up   totally   free

Då såg hon så glad och tacksam på den tappre
Then looked she so happy and grateful on the brave

pojken och fattade kärlek för honom, ty han var skön
the boy and took love for him there he was handsome
(boy) (fell in love with)

och hövisk, och nekade inte att följa med honom
and courteous and denied not to follow with him

tillbaka till konungens slott.
back to the king's castle

Där blev en stor glädje vid drottningens återkomst, och
There arose a great joy at the queen's return and

Trogen fick ifrån konungen den lovade belöningen.
True received from the king the promised the award
(award)

Men drottningen var nu ännu mera sin man emot än
But the queen was now still more her husband against than
(disgusted by)

förut. Aldrig ville hon tala honom till, log aldrig och
before Never wanted she to talk him to smiled never and

stängde sig in otröstelig i sina egna rum.
closed herself in inconsolable in her own room

133 Den ledsna drottningen

Häröver blev konungen ytterst mysslynt och frågade
Here-over became the king utmost displeased and asked
(About this) (extremely)

drottningen en dag om orsaken för sin sorg. "Jo,"
the queen one day about the reason for her sorrow Yes

svarade hon, "aldrig blir jag tillfreds, om icke jag får
answered she never will become satisfied if not I receive

den vackra guldsalen, som jag hade i berget hos
the beautiful the gold hall which I had in the mountain with
(gold hall)

trollet, ty en sådan sal får man annars aldrig."
the troll since a such hall gets one otherwise never

"Bra svårt blir det att skaffa dig sådant," svarade
Quite difficult would be that to get you such replied

konungen, "och icke kan jag lova, att någon skulle
the king and not can I promise that anyone could

lyckas däruti."
succeed there-in

Härefter gick konungen ifrån sin drottning och visste
From here on went the king from his queen and knew

inte råd i denna sak.
no solution in this case

Men　då　han　klagade　häröver　för　Otrogen　sin　tjänare,
But　then　he　complained　here-about　before　Untrue　his　servant
　　　　　　　　(about it)　(to)

svarade　denna:
replied　this

"Så　vanskelig　är　icke　saken　ändå,　ty　Trogen　har
So　horrible　is　not　the thing　however　since　True　has

skrutit,　att　han　vet　nog　att　flytta　trollets　guldsal　hit　till
boasted　that　he　knows　enough　to　move　the troll's　gold ward　here　to

kungsgården."
the king's court

Genast　blev　Trogen　inkallad　och　befalldes　av　konungen
Immediately　became　True　called in　and　ordered　by　the king

att　uppfylla　sitt　löfte　och　flytta　guldsalen　ifrån　trollets
to　fullfil　his　promise　and　move　the gold hall　from　the troll's

berg.
mountain

Förgäves　nekade　Trogen　åter　till　Otrogens　påstående.
In vain　denied　True　once more to　Untrue's　assertions

Gå måste han, och guldsalen måste vara med.
Go must he and the gold hall must be with
(be taken)

Då gick han tröstlöst till sin vackra häst, grät för
Then went he inconsolable to his beautiful horse cried for

honom och ville ta avsked ifrån honom för evigt.
him and wanted to take farewell of him for ever
(to say goodbye)

"Vad är det, som står på?" frågade hästen.
What is it that stands on asked the horse
(happens) ()

"Jo," svarade Trogen, "Otrogen har återigen ljugit för
Yes answered True Untrue has again lied for

mig, och får jag inte hit guldsalen åt drottningen, har
me and get I not here the gold hall to the queen have

jag förverkat mitt liv."
I forfeited my life

"Är icke saken värre?" återtog hästen.
Is not the thing worse told back the horse

"Skaffa dig ett stort skepp, tag din fiol och spela
Get you a big ship take your violin and play

upp guldsalen, spänn före trollets hästar, och nog går
up the gold hall harness before the troll's horses and enough goes

det för sig att få hit den glimrande salen."
that for itself to get here the glimmering hall
     (by)

Då blev Trogen något tröstad, gjorde som hästen hade
Then became True somewhat comforted did as the horse had

sagt, och kom lyckligen fram till det stora berget. Men
said and came successfully right to the big the mountain But
                                              (mountain) (And)

som han stod där och spelade på sin fiol, lydde
as he stood there and played on his violin obeyed

guldsalen och drogs med av det klingande spelet och
the gold hall and was drawn by the resounding the play and
                                              (play)

lyfte sig småningom, tills den stod uppe på berget, ty
lifted itself gradually until it stood up on the mountain since

den var byggd av bara guld som ett hus för sig,
it was built of bare gold as a house on itself

och hade många hjul inunder.
and had many wheels under it

Men   då   tog   pojken   trollets   hästar,   spände   dem   före,
But   then   took   the boy   the troll's   the horses   harnessed   them   before
                              (horses)

och   på   detta   vis   flyttade   salen   ombord,   på
and   on   this   way   moved   the hall   on board   on
      (in)

det   stora   skeppet.
the big ship

Snart   var   han   på   andra   sidan   sjön   och   kom   lyckligen
Quickly   was   he   on   the other side   (of) the sea   and   comes   successfully

fram   därmed,   och   guldsalen   flyttades   oskadd   in   i   slottet,
forward   with it   and   the gold hall   was moved   undamaged   in to   the castle

drottningen   till   innerlig   förnöjelse.   Men   ändock   ledsnades
the queen   to   profound   satisfaction   But   still   languished

hon   som   förut,   talade   aldrig   med   konungen   sin   man,
she   as   before   talked   never   with   the king   her   husband

och   aldrig   såg   man   henne   le.
and   never   saw   one   her   smile

Då   blev   konungen   ännu   mera   misslynt   och   frågade
Then   became   the king   still   more   dissatisfied   and   asked

henne   åter   om   orsaken   till   hennes   sorg.
her   once more for   the reason   of   her   sorrow

"Aldrig blir jag glad," svarade hon, "om icke jag får
Never become I happy replied she if not I may get

de två fålarna, som jag hade förut, när jag var hos
the two the foals which I had before when I was at
        (foals)

trollet, ty sådana hästar ser man annars aldrig."
the troll since such horses sees one otherwise never

"Svårt blir det att skaffa vad du begär," invände
Difficult will be that to get what you request objected

konungen, "ty de är ju vilda hästar och harr för
the king since they are of course wild horses and have already

längesedan sprungit långt långt bort i den vilda
a long time ago leapt far far away in the wild

skogen."
the forest
(forest)

Då gick han bedrövad ifrån henne och visste inte vad
Then went he sad away from her and knew not what

han skulle göra. Men så sade Otrogen:
he should do But so said Untrue

"Icke behöver min herre sörja häröver, ty Trogen har
Not needs my lords worry about this since True has

skrutit, att han nog kunde skaffa hit trollets två fålar."
boasted that he surely could get here the troll's two foals

"Har han det," sade konungen, "nog skall han hålla",
Has he that said the king surely shall he hold
(to that)

och strax blev Trogen efterskickad och hotades med
and immediately became True send for and was threatened with

döden, om icke han tog reda på de två fålarna,
the death if not he took bind on the two the foals
(death) (hold) (of) (foals)

men skulle däremot belönas, i fall han lyckades.
but would on the other hand be awarded in case he succeeded

Nu insåg Trogen, att han alls icke kunde fånga de
Now realised True that he at all not could catch the

vilda hästarna, och vände sig åter till hästen för att
wild the horses and turned himself once more to the horse for that
(horses)

ännu en gång ta avsked av huldrans gåva.
anew one time take farewell of the lady of the wood's gift

"Varför skulle du gråta över så lite?" , sade hästen.
What for should you cry over so little said the horse

"Skynda dig till skogen, spela på din fiol, och det
Hurry you to the forest play on your violin and that

blir nog bra."
will become surely good

Trogen gjorde så, och efter en stund kom de
True did so and after a while came they

springandes emot honom de två ulvarna, vilka han
running towards him the two the wolves which he
(wolves)

räddat, lyssnade på hans fiol och sedan frågade, om
saved listened to his violin and then asked whether

han stod i någon nöd.
he stood in any need
(was)

"Visst gör jag det," svarade Trogen och underrättade
Certainly do I that replied True and informed

dem om vad han behövde.
them about what he needed

Men då sprang de genast in i skogen, den ena på
But then ran they straight in to the forest the one to
(And)

ett håll och den andra på ett annat och återvände
one location and the other to an other and returned

snart med de två fålarna framför dem. Då spelade
quickly with the two the foals in front of them Then played
(foals)

Trogen på sin fiol, och fålarna följde efter honom,
True on his violin and the foals followed after him

som han gick, så att han snart kom lyckligen till
as he went so that he quickly came successfully to

kungsgården och överlämnade trollets hästar i
the king's court and submitted the troll's horses in

drottningens hand.
the queen's hand

Konungen väntade nu, att hans hustru skulle bli glad
The king expected now that his consort would be glad

och vänlig till sinnes. Men hon förblev som förut,
and friendly of mind But she remained as before

talade aldrig med honom och endast då syntes mindre
talked never with him and only then seemed less

sorgsen, då hon talade någon gång med
sad then she spoke some time with

den orädde pojken.
the fearless boy
(rädd; afraid)

Då gick konungen till henne, ännu en gång och
Then went the king to her anew one time and

begärde få veta vad som nu kunde fattas henne, att
requested to may know what that now could be lacking her that

hon var så oförnöjd.
she was so unsatisfied

"Jo," svarade hon, "trollets fålar har jag fått, och nog
Yes replied she the troll's foals have I received and surely

sitter jag i den skinande guldsalen, men alla de
sit I in the shining the gold hall but all the
(gold hall)

vackra skåp däruti, uppfyllda med mina dyrbarheter, kan
beautiful cabinets from it filled with my precious things can

jag icke öppna, ty jag äger icke nycklarna till dem.
I not open since I have not the keys to them

Får jag icke dem tillbaka, hur kan jag förbli nöjd?"
May get I not them back how can I remain happy

"Var finns dessa nycklar då?" frågade konungen.
Where finds one these keys then asked the king
(are located)

"I sjön bredvid trollets berg," återtog drottningen, "ty dit
In the sea beside the troll's mountain answered the queen since there

kastade jag dem, när Trogen förde mig hit."
cast I them when True carried me here

"En vansklig sak är denna, som du begär," svarade
A horrible thing is this as you request replied

konungen, "och icke kan jag lova, att du någonsin
the king and not can I promise that you ever

återser dem mera."
see back them anymore

Likväl ville han gärna försöka och talade därför till
Still wanted he eagerly try and talked therefore to
(spoke)

Otrogen, sin tjänare. "Detta är ju lätt att verkställa,"
Untrue his servant This is of course easy to bring about

svarade denna, "ty Trogen har skrutit för mig, att han
replied he since True has boasted before me that he

nog kunde få drottningens nycklar, ifall han ville det."
surely could get the queen's keys in case he wanted that

"Jaså,"   sade   konungen,   "då   vill   jag   tvinga   honom   att
Yes so   said   the king   then will   I   force   him   to
(I see)

hålla   det   också."
keep   that   also
(his promise)

Och   strax   befalldes   Trogen   med   dödsstraff   att   genast
And   immediately   was commanded   True   with   death penalty   to   directly
                                              (on)

skaffa   drottningens   nycklar   ifrån   sjön   vid   trollets   berg.
get   the queen's   keys   from   the sea   near   the troll's   mountain

Denna   gången   likväl   var   pojken   icke   så   modfälld,   ty
This   time   likewise   was   the boy   not   so   discouraged   since

han   tyckte:
he   thought

"Nog   får   jag   hjälp   ifrån   min   kloka   häst."
Surely   may get   I   help   from   my   wise   horse

Detta   fick   han   också,   ty   hästen   rådde   honom   att   fara
This   got   he   also   since   the horse   advised   him   to   go

dit,   spela   på   sin   fiol   och   se   vad   som   kunde   hända.
there   to play   on   his   violin   and   see   what   as   could   happen

När	nu	pojken	hade	spelat	en	stund,	stack	gäddan,
When	now	the boy	had	played	a	while	stuck	the pike

som	han	räddat,	sitt	huvud	ur	vattnet,	kände	igen
who	he	saved	its	head	from	the water	recognized	
					(out of)			

Trogen	och	frågade,	om	hon	kunde	vara	honom	till
True	and	asked	if	it	could	be	him	of

någon	nytta.
any	use

"Javisst,"	svarade	han,	och	berättade,	vad	som	fattades
Yes-sure	replied	he	and	told	what	that	was to do

honom.	Och	genast	dök	gäddan	under	vattnet	igen	och
(by) him	And	immediately	dove	the pike	under	the water	again	and

återkom	snart	med	guldnycklarna	i	sin	mun	och
came back	quickly	with	the golden keychains	in	its	mouth	and

lämnade	dem	åt	sin	befriare.	Nu	var	han	snart
left	them	to	its	liberator	Now	was	he	quickly

tillbaka,	och	drottningen	kunde	öppna	efter	behag	alla
back	and	the queen	could	open	after	wish	all

de	stora	skåp	i	den	vackra	guldsalen.
the	big	cabinets	in	the	beautiful	the gold hall
						(gold hall)

Likväl   förblev   konungens   hustru   lika   sorgsen   som   förut,
Still   remained   the king's   consort   equally   sad   as   before

och   då   konungen   klagade   häröver   för   Otrogen,   sade
and   since   the king   complained   about it   before   Untrue   said

denne:
that one

"Visst   är   det   för   att   hon   älskar   Trogen.   Mitt   råd   vore
Certainly   is   that   because   that   she   loves   True   My   advice   is

därför   att   min   herre   lät   hugga   huvudet   av   honom.
therefore   that   my   lord   lets   chop   the head   of   him

Sedan   blev   hon   nog   bra."
Then   becomes   she   surely   good
(happy)

Detta   tal   behagade   konungen   väl,   och   han   beslöt   att
This   talk   pleased   the king   well   and   he   decreed   to

snart   låta   det   verkställas.
quickly   let   it   be effected

Men   då   sade   hästen   en   dag   till   Trogen:
But   then   said   the horse   one   day   till   True

"Konungen   ämnar   snart   låta   hugga   huvudet   av   dig.
The king   intends   soon   to let   chop   the head   off of you

Skynda   därför   till   skogen,   spela   på   din   fiol,   och   begär
Hurry   therefore   to   the forest play   on   your   violin   and   requests

av   de   två   duvorna,   att   de   skaffar   dig   en   flaska   av
of   the   two   the doves   that   they   get   you   a   bottle   of
             (doves)

livets   vatten.   Vänd   dig   sedan   till   drottningen   och   be
life's   water   Return   yourself   thereafter   to   the queen   and   ask
                     ()

henne   hugga   huvudet   av   dig   och   stänk   dig   sedan
her   to hack   the head   off of   you   and   to splash   you   thereafter

med   vattnet,   så   snart   du   blivit   avrättad."
with   the water   as   soon   you   become   executed

Detta   gjorde   Trogen.   Samma   dag   begav   han   sig   till
This   did   True   Same   day   proceeded   he   himself   to

skogen   med   sin   fiol   och   en   flaska,   spelade   på   sin
the forest   with   his   violin   and   a   bottle   played   on   his

fiol,   så   att   de   två   duvorna   snart   flaxade   omkring
violin   so   that   the   two   the doves   quickly   fluttered   about
                                      (doves)

honom,   och   fick   inom   kort   ifrån   dem   flaskan   full   med
him   and   got   within   short   from   them   the bottle   full   with
                                   (while)

livets   vatten.
the life   water

Härmed   återvände   han   och   gav   flaskan   till   drottningen,
With this   returned   he   and   gave   the bottle   to   the queen

att   hon   måste   hälla   på   honom,   så   snart   han   blev
that   she   must   pour   on   him   as   soon   he   became

avrättad.   Detta   skedde   också,   och   strax   steg   Trogen
executed   This   took place   also   and   quickly   ascended   True

upp   igen,   levande   som   förut,   men   oändligt   fagrare.
up   again   living   as   before   but   endlessly   fairer
                                                    (very much more)

Detta   förundrade   konungen,   och   han   bad   drottningen
This   surprised   the king   and   he   asked   the queen

hugga   av   honom   sitt   huvud   och   hälla   droppar   på   det.
to chop   from   him   his   head   and   pour   drops   on   it

Strax   grep   hon   åter   svärdet,   och   inom   ett   ögonblick
Immediately   grabbed   she   once more   the sword   and   in   a   moment

rullade   kungens   huvud   på   marken.   Men   inga   droppar
rolled   the king's   head   on   the ground   But   no   drops

dröp   hon   på,   och   konungens   lik   måste   snart   borttagas
dropped   she   on   and   the king's   body   had to be   quickly   carried away

och   begravas.
and   be buried

149 Den ledsna drottningen

Nu blev drottningen och Trogen gifta med stor ståt
Now became the queen and True married with big pomp

och glädje, men Otrogen förvisades från riket och drog
and happiness but Untrue was deported from the country and drew

sig med skam därifrån.
himself with shame from there

Hästen levde i fred i ett präktigt stall, och den
The horse lived in peace in a splendid stable and the

underbara fiolen och guldsalen och de andra trollets
wonderful the violin and the gold hall and the other the troll's
(violin) (troll's)

dyrbarheter behöll konungen och drottningen och levde i
precious things belonged to the king and the queen and (they) lived in

fred och lycka dag efter dag.
peace and fortune day after day

The book you're now reading contains the paper or digital paper version of the powerful e-book application from Bermuda Word. Our software integrated e-books allow you to become fluent in Swedish reading and listening, fast and easy! Go to <u>learn-to-read-foreign-languages.com</u>, and get the App version of this e-book!

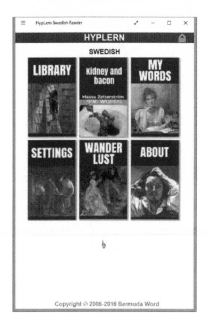

The standalone e-reader software contains the e-book text, includes audio and integrates **spaced repetition word practice** for **optimal language learning**. Choose your font type or size and read as you would with a regular e-reader. Stay immersed with **interlinear** or **immediate mouse-over pop-up translation** and click on difficult words to **add them to your wordlist**. The software knows which words are low frequency and need more practice.

With the Bermuda Word e-book program you **memorize all words** fast and easy just by reading and listening and efficient practice!

Made in the USA
San Bernardino, CA
12 November 2019

59775491R00093